12種
身心靈練習
Practice

想通就好，人生其實沒那麼煩！

Open your mind, and things will be OK!

知名心靈導師 余淑華 / 著

前言

敞開心扉，煩惱就會自動遠離

最近，越來越多學生跑來問我：「老師，我坐禪的時候，心靈的確能得到平靜，但是只要一脫離坐禪的情境，那些雜亂的思緒就又通通跑了回來。難道只有在坐禪時才能修禪嗎？有沒有什麼辦法可以將禪法真正落實在生活裡呢？」

和舊時代的人們相比，現在大家要煩惱的事情越來越多了，似乎無時無刻都有問題找上門，解決了一個又來一個。若是平日有空坐禪，還能讓自己獲得些許喘息空間，但難處就在於許多人根本連坐禪的時間都沒有。

事實上「禪」並不只侷限於坐禪、禪定這麼狹窄的範圍，它是一種生活哲學，為的是讓我們的生活能過得更輕鬆無罣礙。

在這樣的想法之下，因此有了這本書的誕生。它不是為了教你如何禪修，而是想和你分享禪的智慧思想，告訴你當我們在生活中遇上瓶頸時，該怎麼幫助自己脫離惱人的心靈困境。

書裡沒有深奧的哲理，而是放入過往我常和學員們分享的一個個禪宗小故事，其中包含了許多過往禪師們的生活智慧，讓讀者能用更輕鬆的方式，將禪的思維融入日常生活中，希望大家在忙碌的一天結束後，仍可以保持悠閒安適的心境。

此外，我在書裡提到了十二種心靈功課：自在、安定、從容、喜悅、滿足、慈悲、放下、坦然、輕鬆、寧靜、智慧以及專注，都是通常被認為可遇不可求，但實際上只要經過練習就能保有的心態。用心設計十二個月

的各種領悟課題，則是希望大家在經歷一年的學習後，能夠找回最初簡單的自己。我們無法立即改變生活的原貌，但當心境改變了，看待事物的眼光也會有所不同，這正是讓一切改變的契機。

其實，想開了，很多事情並沒有那麼複雜；心放寬了，有些事也就這麼解決了。禪，只是為了讓人們的心變得簡單，得以回歸初始的真我。現在，就讓我們開始學著用清透的禪心，度過屬於自己的禪式新生活！

contents

chapter 1 一月

明白了心之所嚮，所以自在

chapter 2 二月

安定，來自心中不變的處世準則

chapter 3 三月

懂得世間無常，便能從容應對人生百態

chapter 4 四月

為自己創造喜悅，別只等待他人給予

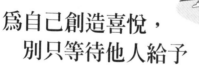

contents

chapter 7 七月 放下心態包袱，讓自己身心都輕盈

chapter 8 八月 遇事坦然，即使生活再難心也不累

contents

chapter 9 九月
輕鬆看待難關，反而能發現轉機

chapter 10 十月
過濾心靈雜音，寧靜方能致遠

chapter 11 十一月

以智慧頓悟，轉念解開心靈束縛

chapter 12 十二月

專注生活，世界再亂也不生雜念

一月

明白了心之所嚮，所以自在

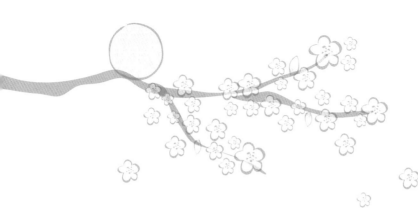

新年的開始，本月的首要課題是「**自在**」，

意指要活得像自己，不勉強做不符合心意的事。

我們無法離群索居，也因此不能避免受到他人影響，

有時這些影響甚至會龐大到足以掩蓋自己的真心。

當眾多所謂的關切已經形成噪音，

我們唯一要做的事，是關上耳朵，聆聽來自心底的聲音，

這才是身處在紛擾世界中，依然能活得安適的最佳指引。

適性而為，幸福就是不委屈自己

禪師怎麼悟？

從前，有個和尚出家卻無法忍受修行的孤獨，便下山還俗了。

但一個月後，他實在受不了凡塵俗事的口舌紛爭，又上山尋求清淨。

然而不到一個月，他還是捱不過孤獨苦悶，再度跑下山。

三番兩次以後，佛寺裡的老僧便建議他：「不如這樣吧！你就脫去袈裟，不必如此認真的唸佛修行；也不需為了排解寂寞，強逼自己融入世俗。你就在半山腰上那條來往佛寺與山腳村落間的山路

妙言禪

修心求的是內在的平靜安寧，所以不讓自己感到痛苦才是最重要的。

尋個落腳處，提供茶水給過往行人解渴，怎麼樣？」

一心求道的和尚聽了，便下山還俗還討了個老婆，夫妻倆在山路邊開起茶店。爾後，此人果真安份賣茶，生活過得既愜意又自在。

如果行走時會覺得痛苦難當，表示這條路並不適合你；要是想有所作為卻無法成功，那就意味著時機未到。人生的修行，並不是只有遁入空門才能做到。

在變化萬千的世界中，只要從不放棄嘗試與摸索，終歸能夠找到最能順應自身天性的存在方式。這條路禁止通行，那麼繞道走就好，總會有一條即使得歷盡艱辛仍然甘之如飴、專屬於自己的生命道路，在你眼前緩緩展開。

你大可不必因別人的成功而自慚形穢。地球有四十六億人口，就有四十六億種獲得幸福的形式。他人認為好的東西，你未必會覺得好；他人認為痛苦的事物，你卻可能視若珍寶。

無論如何，我們活著就是為了生存。相對於宇宙的歷史來說，人類的生命實在太過短暫了，在這麼短暫的時間裡，若是還要委曲求全，過自己一點都不喜歡的生活，不就枉費了這難得的人生？你選擇的道路，一定有你才能體會的精采等在前方。只要這一生能活出自己，就足以被稱為成功的人生。

想得到收穫，請先自我肯定

禪師怎麼悟？

道謙和尚在大慧禪師座下參禪至今已二十個年頭，仍沒有悟道的跡象，道謙為此感到非常焦慮，甚至不停自責。某天大慧禪師將一個為期一年的任務指派給他，讓道謙的焦慮更是雪上加霜。他心想：自己參禪尚未有進展，還得在外奔波一年，豈不是浪費時間？

苦惱的他跑去找好友宗元和尚訴苦。宗元聽完，便勸慰他：

「不如我陪你去吧！人多好辦事，而且途中我也可協助你參禪。」

於是兩個人就結伴出發了。然而行程都跑了一半，宗元卻隻字

妙言禪

做任何事以前，先照顧好自己的心，你的收穫才會接近預期。

未提之前答應道謙助他參禪的事。道謙難掩失落，不只一次提醒宗元希望他能幫助自己。後來宗元終於說：「我並非不願幫你，而是我實在幫不上忙。這趟旅途中有五件事，只能由你自己來！」

道謙急切地問：「是哪五件？」

宗元回答：「吃、喝、拉、撒、睡。」道謙猛然醒悟，原來禪道其實就在自己身上。一年後他回去向大慧禪師覆命，禪師便笑著說：「不錯，你終於找到自己了。」

自責會讓自我怨懟的情緒不斷產生，雖然美其名曰自我反省，卻只是不停重複抱怨的負能量循環，使自己生活在愁雲慘霧裡。這不僅不會讓事情往好的方向發展，反而會令情況更糟。就像任何生物只要感受到惡意，都會本能地出現反抗行為，我們的身心也是如此，差別只在於這種責罵與惡意攻擊的來源是自己。你會發現身邊的一切越來越不受控制，因為你的身心在抵禦自責攻擊的同時，也抗拒了你所下的任何指令。例如發現自己罹患難以醫治的病，就不斷跟自己說：「一定是我的錯，我做了什麼所以必須受到這種懲罰。」或是「為什麼我就是好不起來？真是差勁，快點好起來啊！」結果病情只是時好時壞，甚至每況愈下，而自己卻無能為力。

換個角度想想看，如果你任勞任怨的協助、照顧某個人，對方不但不感激，還回以責罵，抱怨你做得不好，即使你再怎麼寬宏大量，也會忍不住無奈地想「真是好心沒好報」，對不對？

自責心態是起源於不知感恩、不滿足的負面心理，當學會好好照顧自己，感激自己仍然活著，仍然能夠思考，情況就會漸漸好轉。想找到自己，就必須先張開雙臂，你才有辦法擁抱自己。

問心無愧即可，不必管別人怎麼說

妙言禪

你不可能擁有與別人相同的人生，既然如此，何不過好自己的人生？

禪師怎麼悟？

大梅禪師習禪多年一直無法悟道，便去請教馬祖禪師：「師父，弟子懇請您指點：『何謂真佛？』」

馬祖禪師回答：「即心即佛。」意思是佛由心成，不假外求，自心即是佛。大梅當下大悟。

不久後，大梅向馬祖禪師辭別，開始四處弘揚佛法。馬祖禪師聽聞大梅已經悟道，便派弟子前往試探他。

弟子見到大梅，便問道：「師兄竟能在頃刻間徹悟，師父到底傳授了您什麼心法呢？」大梅禪師回答：「即心即佛。」

弟子驚訝道：「但師父如今已不宣揚『即心即佛』了！」

大梅禪師詫異地問：「那師父現在如何指導你們？」

弟子答：「非心非佛。」意在警惕世人要破除對佛心的執著，這句話實際上與「即心即佛」意思相當。

大梅禪師聽完笑道：「師父老愛找人麻煩呢！我才不管他又說什麼『非心非佛』，我只管堅持我的『即心即佛』便是了。」

馬祖禪師聽說此事，便歎道：「梅子果真成熟了。」

條條大路通羅馬，既然這個方式適合我，我為什麼不能堅持下去？只要能找回內心的安定自在，別人怎麼說又有什麼關係？我們可以約束自己的行為，卻無法控制別人的思想。就像鬼太郎漫畫作者水木茂曾以此話形容自己：「旁人眼裡的不正經，卻是最符合我本性的正經！」

或許別人會給你某些建議、指責你做得不對，但你也要知道，最了解自己的人是自己，任何想法與感受也只有自己最清楚。如果因為他人的批評就改變作法，最後讓自己越來越不快樂，這樣的結果是自己要承擔的。

永遠要記得一件事：沒有人會為他提供的「不負責任建議」負責，就算那個人是所謂的「重要他人」（比方說父母或伴侶）也一樣，畢竟做出選擇的人仍然是我們自己。舉例來說，周遭同年紀的親朋好友都結婚了，就你一個孤家寡人，因此在父母的催促下跟親友介紹的相親對象結婚，然而婚後竟發現彼此個性不合，你也覺得自己不適合婚姻生活，卻已經有了小孩！你陷入這種窘境，到底是誰該負責呢？當然是自己了。

所以，不要盲目地隨波逐流。即使跟別人都不一樣也沒關係，只要能認真生活，生命本身就是最值得我們慶賀的奇蹟。

小錯誤要知所警惕，但不必耿耿於懷

禪師怎麼悟？

仰山和尚是溈山禪師最出色的弟子之一。某年師徒因事分隔兩地，闊別許久再見，自然十分掛念。溈山禪師於是關切地問仰山和尚：「你這一年過得如何啊？」仰山和尚回答：「我在寺院的後山開墾了一片荒地，種些莊稼及蔬菜，每日挑水灌溉、除草驅蟲，收成還算不錯。」溈山禪師聽完贊許地說：「看來你這一年過得相當充實呀！」

仰山和尚接著問：「師父，您這一年都在忙些什麼呢？」溈山

妙言禪

遇事總要千般計較，只是平白吹皺一池春水，破壞了自己的好心情。

禪師笑答：「我過了白天就接著過晚上。」仰山和尚也隨口回道：「您這一年也過得非常充實呢！」才說完，他立刻驚覺自己的回應有欠妥當，雖是無心，卻略有譏諷對方的意味。

就在仰山和尚漲紅著臉，心中盤算著該如何補救時，溈山禪師卻先發制人地責備他道：「不過是一句話，你為何要把它看得這麼嚴重？無心之過若是並未造成嚴重的後果，就沒有必要將它放在心裡。不要把小事看得太重！」

為芝麻綠豆大的小事過分認真，不僅浪費難得的人生，也會攪亂自己的情緒。美國人際關係學大師戴爾．卡內基曾說：「人活在世上的光陰只有短短幾十年，但我們卻把許多時間浪費在某些一年內就會被遺忘的小事發愁，這是多麼可怕的損失！」許多當下我們認為非常了不得的大事，總要在事過境遷之後才會疑惑：那時為何會如此在意？

掉入自尋困擾的陷阱，就如同陷進流沙一般，越掙扎只會陷得越深，縱使身旁的人想幫忙也使不上力。不過，雖然當下看似已經瀕臨絕境，但化險為夷的方法卻很簡單：先讓自己靜下心來，再慢慢地移動雙腳，就能毫不費力地離開原先認為可能致命的陷阱。倘若你發現自己無意間掉進思考迴圈，那就先放輕鬆吧！不必為了讓自己脫困而苦苦尋思。你可以做些其他的事情，甚至乾脆地去休息，說不定在一覺醒來後，便會發現心中的困擾似乎已消去大半了。

事情從來沒那麼嚴重，只是你的多慮左右了你的判斷力，因此侷限了你看待事物的角度。放寬心吧！你一定會發現，再天大的問題也不過如此而已。

生命自有道理，不必刻意評論好壞

禪師怎麼悟？

藥山禪師共收了兩位弟子，分別名為雲巖及道吾。某天藥山禪師領著弟子們到山林裡參禪，途中看見一棵枝繁葉茂、生機盎然的樹，然而一旁卻有棵樹已經凋零。藥山禪師便問弟子們：「你們說，這樹木是茂盛的好呢？還是枯萎的好？」道吾回答：「當然是茂盛的好。」但雲巖卻說：「枯萎凋零的才好。」

這時，一個小和尚路過此地，藥山禪師便問他：「你認為樹木是茂盛的好，還是枯萎的好？」

妙言禪

各人標準不同，刻意比較你我的差別好壞，一點意義也沒有。

小和尚答道：「茂盛與否由它去，枯萎與否也由它去。」

藥山禪師聽了，便笑著回應：「說得好。枝葉茂盛有它枝葉茂盛的理由，枯萎凋零也有它之所以枯萎凋零的道理。我們慣常議論的人間是非、曲直、善惡，都是從個人創造的價值觀來判斷，為了區別而畫出評判的界線。然而，世間萬物事實上是沒有差別的，只有客觀的樣貌，卻無所謂好壞。小和尚小小年紀便能放下分別心來看待事物，往後前途無可限量啊！」

相同的事物，在不同的人眼中會呈現不同的面貌，這是因為彼此所處的角度不同，從而有了相異的解讀，但這並不會影響事物的本質。一杯白開水，對愛喝飲料的人來說可能淡而無味，換做對口渴難耐的人而言，其滋味卻甘美無比。儘管各人看法迥異，但水作為維繫生命所必須的這個事實，卻不會有任何改變。善與惡、好與壞的相對定義，是我們擅自對客觀事物施加的見解，但這番見解卻非既定不變，所以不必太過執著。相對而論、非黑及白的批判，可以說是種方便我們生存於世的工具，讓我們能夠輕鬆的辨別利害關係以保全自己。但也正因如此，過於計較好壞，反而是被原先應為我們所用的工具奴役了。

每件事都自有它的道理。或許在我們看來，某人的作為實屬大逆不道，但他可能有他自己的想法，若換做我們處在他的位置上，我們也可能會做出相同的事。不要對他人妄下斷言，更不必指責對方該怎麼做才正確。既然最後都能實現自我，別人想選哪條路走，跟你又有什麼關係呢？

人生沒有正解，只有最適合自己的答案

禪師怎麼悟？

有位雲遊僧前往參訪鼓山神晏禪師，一見禪師便問：「請師父明示，何處為弟子正確的立身之所？」

神晏禪師回答：「不要盲目遵從古聖先賢。」意思是說，古人的方法套用在自己身上，不一定適合，因此切勿模仿盲從。

雲遊僧又問：「天下有千山萬山，哪座才是正山？」

神晏禪師反問他：「你問這個要幹嘛？」禪師想藉反問點醒對方：求學問道，要注重的並非哪個門派才是正統，而是其方法可否

妙言禪

課本的正確答案不一定會讓世界變得更美好，但你會。

為自己所用，幫助自己開悟。

雲遊僧不死心地再問：「那麼，哪個才是鼓山的正主？」

神晏禪師高聲回道：「胡來！你問這是什麼蠢問題！」意指為何要執著於問到的法正確與否？即便身為導師，也只能從旁引導輔助。自己的答案，要靠自己去追尋。

還記得小時候寫完了作業，總要翻找解答本對照正確答案，照著既定的公式修改自己答題的作法，而解答也總是千篇一律，簡單明瞭。隨著年紀漸長之後，考卷上開始出現所謂的「問答題」，填上的答案變得五花八門，每個人寫的東西也都不一樣，但只要符合題旨，答案就是對的。等到一腳踏進了研究領域，更是慌張地發現再也沒有人可以提供正確答案，所有想知道的事，都只能靠自己來回答。

學術的問題是如此，人生的考驗亦同。即使面對相似的情況，上一輩的作法到了我們這一代卻不一定可行，而別人的見解，對我們也不一定適用。在這個不斷變遷的時代，往昔的價值觀正一點一點地崩壞，我們失去了憑依，但也代表我們不必再侷限自己。就像從前人們認為多讀書才有好工作，現在卻覺得書讀不好，也肯定能在其他領域一展長才；從前以為錢賺得多就越幸福，現在卻發現，可以讓自己幸福的方法其實有很多很多。

沒了舊時教條的束縛，我們可以隨心所欲地生活，堅持自己的理念，努力實踐。不要浪費了這份自由，別再苦苦追尋虛無飄渺的人生成功方程式，請用你自己摸索出來的答案，盡力讓自己活得自在無憾。

二月

安定，來自心中不變的處世準則

春之將至的二月，屬於這個月的課題是「**安定**」，

這是種能讓內在不受外物影響，經常保持平和的力量。

如果會為花開花落傷神，

那麼任何風吹草動都可能牽動我們的一顰一笑，

這樣的生活不僅勞心費力，也會造就多餘的煩惱。

不妨在心底為自己立下界限，甚至偶爾置身事外，

以旁觀者的角度冷靜檢視問題，

反而可以圓滿處理橫亙在眼前的難關。

讓思考的力量傾注在真正有用的地方

禪師怎麼悟？

佛陀還在世時，世人總愛不斷地問佛陀：「佛死了之後，會到什麼地方去？」

佛陀為了釋疑，便讓弟子拿了支蠟燭來，並說：「把蠟燭點亮後拿到我身邊來，讓我可以看到蠟燭的光。」弟子點亮蠟燭後，為了不使燭火熄滅，便以手遮掩著拿到佛陀面前。

佛陀見了當即訓斥：「何必遮掩？該滅的總是會滅，無論你怎麼遮也沒用！如同死亡，該來的總是會來，不能躲也躲不掉。」

妙言禪

徒勞地煩惱無益現實，把心放在能做到的層面上才有意義。

說完，佛陀就吹滅了蠟燭，再道：「有誰知道蠟燭的光到哪裡去了？」弟子們個個面面相覷，沒人答得上來。

佛陀於是說：「佛死，就如同蠟燭熄滅，燭光到哪裡去，佛死後就到哪裡去。火焰熄滅了，它就消失了；佛死了，祂也就消殞了。其實佛死後會去哪裡，一點都不重要，重要的是自己該如何成佛。與其花時間思考這樣的問題，還不如認真修行、充實自己！」

其實，人們真正想問佛陀的是：「人死了，會到哪裡去？」人們總會為了莫須有的問題瞎操心，就連佛陀也會對此感到無奈吧！亡者以死去的方式離開了這個世界，而之後該往哪裡去，即使我們如何擔憂，也無從加以干涉，又何必為此勞心費神？

類似的無意義問題還有很多，比方說：「如果當時在你身邊的不是我，你也會愛上那個人嗎？」、「如果我跟他條件相當，你也會愛我嗎？」、「如果我哪天先你而去，你會移情別戀嗎？」……。不管這些問題問的是以前、以後，還是不可能發生的事，都讓人啼笑皆非。過去的事已經過去，問了是白問，未來的事還沒發生，問了也只是假設。既然如此，繼續在這些問題上鑽牛角尖，只不過是自尋煩惱罷了。

人生有很多意外，有很多無奈卻無法改變的事，也有無法避免的事，就如同死亡，無論喜不喜歡，我們都只能被動地接受。然而若是願意，我們仍然能有所不同，我們依舊能選擇要用什麼心情去面對。一旦跨過了這一關，我們又會發現，自己竟在無意間成長了許多。

鎖定目標後不再猶豫，自然能健步如飛

禪師怎麼悟？

某天，有道禪師和弟子在田裡插秧，只見禪師手腳俐落地插完一排又一排，那些秧苗竟好似用尺量過，全都排得整齊劃一；反觀弟子費了九牛二虎之力才插完一排，但秧苗卻被排得歪七扭八。

弟子大惑不解地詢問有道禪師：「師父，到底要怎麼做，才能像您一樣把秧苗插得那麼直？」

禪師笑著回答：「這其實不難。你只要在插秧時專注地看著某一樣事物，就能把秧苗插直了！」

妙言禪

全心致力於完成目標，不但能減少失誤，還會加快達成的速度。

弟子聽完立刻依樣畫葫蘆，然而秧苗卻被排成一道彎曲的弧線。有道禪師於是問弟子：「你們剛才插秧時，眼神有沒有持續專注在某一樣事物上？」

弟子回答：「有啊！我鎖定了不遠處那隻吃草的大水牛呢！」

有道禪師點點頭說：「那的確是個大目標，但水牛是邊吃草邊移動，若是你邊插秧邊跟著水牛前進，又怎麼能插得直？」弟子便將目標改成遠方的大樹，果然這回秧苗插得又筆直又漂亮。

想要直達目標最快速的作法，就是不要左顧右盼，盯著確切不動的目標前進。比起每走一步都要小心翼翼、費力斟酌，把注意力聚焦在你篤定的目標上，反而能走得又快又穩，更不會產生偏差。

還記得學開車時，考駕照測驗中有個項目是「直線前進」。每當練習到這個項目，一旁的教練總是耳提面命：「確定不會壓到車道線後，就不要再注意旁邊了。看前面！」他的話果真不假。只要我看著前方，就能夠筆直前進，反而一直注意讓車輪不要壓線時，經常都會顧此失彼，看左邊就忘了右邊，導致都會有一邊輪胎壓到車道線。步步為營的人容易摔跤，因為顧慮得太多，連道路上的小碎石也會成為龐大的障礙，但其實我們早已熟習走路的方式，有了目標之後，任誰都能不假思索、憑藉本能抵達終點。我們缺乏的，只是向前的動力。

不要因為怕苦而將寶貴的時間浪費在心猿意馬上，在你心意動搖的時候，或許早已前進好幾步了。盯著你的目標，成功就會在眨眼間翩然到來。

先安撫好心情，就不會在衝動中壞事

妙言禪

緊急情況時更要維持情緒安定，才有餘力面對後續的問題。

禪師怎麼悟？

愚夫是全鎮公認的傻瓜，卻因天生好運而一夜致富。他擔心遭他人利用詐財，便跑去向當地德高望重的禪師請教。禪師告訴他：「既然你有錢，別人有智慧，你何不用錢來買別人的智慧呢？」於是愚夫在回家的路上碰見一個和尚，便向和尚求購智慧。

和尚說：「我的智慧可不便宜，一句話一千兩銀子！」愚夫點了點頭，和尚便接著說：「碰到困難別急著處理，先前進三步，再後退三步，如此往返三次後，你就能得到智慧了。你若不信，就暫且先回去，待你認為我的智慧值得後，再付我銀子也無妨。」

夜裡愚夫回家，在昏暗中發現妻子身旁竟睡了一個人。他直覺認為妻子紅杏出牆，氣得到廚房拿菜刀就要砍了姦夫。這時他想起和尚的指示，便開始在房門前踱步，腳步聲驚動了房內的人，妻子身旁那人便出聲喚他：「兒子啊！你半夜不睡覺在做什麼？」

愚夫一聽是母親，立刻嚇出一身冷汗，心想：「幸虧白天買了智慧，否則我就要錯殺母親了！」隔天他就急忙跑去送銀子了。

很多時候因為太習慣從自己的角度評判事物，我們經常無法避免誤會產生，越不了解實情，誤會的程度就越大。然而導致情況變糟的原因往往不是誤會本身，而是自己沒有意識到：「我現在的想法可能是誤會。」如果這時當事人未試圖保持理智，衝動之下便容易釀成無可挽回的悲劇。

在禪宗的理論中，將世間一切我們所見所聞稱為「物相」，並明確指出物相來自我們的意識，並非事物本身的形貌，如同誤會是起因於我們的思想偏見，無法代表事件真實的樣子。因為理解這一點，所以禪宗能夠達到「超然物外」的境界，不被眼前的表象所迷惑。

可是對一般人而言，想要避免誤會帶來的傷害，光有理智是不夠的。理智或許能幫我們釐清問題，但真正左右我們行為的卻是情緒。當事不關己時，多數人肯定都能冷靜面對誤解，但若是牽扯到自己身上，即使我們對實情心知肚明，但苦受情緒煎熬又想要克制自己不出錯，並不容易。因此，無法冷靜的時候，最簡單的作法就是「不要有任何行動」，待情緒平復下來再進行後續動作。越是重要的事，越應該在過程中將處理情緒視為自己的優先任務。或許這麼做會導致延誤，但比起因衝動壞事，多花一些時間卻能保障事情安穩進行，反而更加值得呢！

不執著於事物的表象，是定心的根本

禪師怎麼悟？

慧能禪師見弟子在打坐，便問：「你為何整日都在打坐？」

弟子答：「我在參禪啊！」

慧能禪師說：「參禪和打坐可不是同一回事。」

弟子說：「可是您不是常要求我們要安住自己的心，應該冷靜的觀察周遭事物，並且終日坐禪不得躺臥？」

禪師答：「終日打坐根本不能稱為禪，只是在折磨身體。」

見弟子滿臉疑惑，禪師又補充道：「禪定並不是要你像石頭般

妙言禪

理解了世事無絕對，自己更不可能做得面面俱到，心情自然會漸趨平靜。

死坐著不動，而是要讓身心維持在極度寧靜、清明的狀態。人們經常容易被外界事物的表象迷惑困擾，心境自然無法安定。只要能放開對表象的執著，心也就能回歸清淨。」

弟子於是問：「那麼，該怎麼做才能拋開執著心？」

慧能禪師說：「常存善念，心就成為天堂；常保慈悲，處處都見菩薩；常生智慧，便無處不是樂土了。」

這是個很簡單卻也很複雜的世界，只要從不同的角度解讀，就能窺見它不同的面貌，也因此我們眼中所見，從來都不是絕對的。有句俗話是「公說公有理，婆說婆有理」，因為若是從人們各自的角度去看，都能看出各自的道理，但要是換了個角度，也許就會變成錯的。

幾年前，一位兒時好友和先生婚姻出了問題，雙方從言語爭執演變成長期冷戰分居，起因於先生擅自幫兄弟的公司作保，卻為此背負了一大筆債務，導致家庭生計面臨困境。對先生而言，他無法對自己的手足見死不救，但對我的好友來說，自己的孩子還處在需要照料的年紀，家裡的經濟狀況也不寬裕，哪有餘力去幫助別人？吵得不可開交的兩人，最後好不容易在孩子的懇求和雙方父母的勸和才言歸於好，但這件事依舊成了兩人相處時不可碰觸的禁忌。

從旁觀者的角度看來，他們都是對的，卻也都是錯的，這證明了對錯無法概括一切的解釋，在黑白之間總會有一塊灰色的模糊地帶，如果我們總是執著於對立的價值觀，就不可能獲得內心真正的安寧。寬容和體諒並不只對別人有好處，那也是讓我們內在回歸安定的方法，因為放下別人的過錯，去掉了心中芥蒂，就不必再自己折磨自己。拋棄主觀反而得安心，更讓彼此都開心，既然兩相得益，又何樂而不為呢？

掌握自己的原則，就能以不變應萬變

道樹禪師的寺院旁，有間道士的道觀。長期以來，那些道士們因為信仰的緣故對道樹禪師的佛寺很不滿，於是每天裝神弄鬼，製造無數令人驚懼的幻象來擾亂寺裡的僧眾，把許多年輕和尚都嚇跑了！只有道樹禪師從來不為所動，數十年如一日地住在寺院裡。最後，道士們實在受不了了，再也變不出新把戲來驅趕道樹禪師，只好自行搬家。

有人問道樹禪師：「您是如何戰勝那些法術高強的道士？難道

妙言禪

準則就像是人生的骨架，我們必須依賴它才能在人生的風雨中昂然挺立。

您有比他們更厲害的招數嗎？」

道樹禪師回答：「我不會什麼法術，只能以不變應萬變，是為『無』。道士們擁有高強的法術，然而再怎麼厲害，終歸是有限度的。『有』是有盡頭的，然而『無』卻是無量無邊的，這便是我仍能安然在此的原因。」

拿破崙最著名的座右銘之一是：「我的字典裡，沒有不可能這個字。」他以這句話在法奧戰爭中克服無數困難，最終贏得勝利。

你也有專屬於自己的人生原則或座右銘嗎？處世有原則的人，多半行事穩健，不易受外界影響，因為他們依循的並非成功或失敗這種世俗標準，而是行動是否符合自己的原則，因此他們能夠抵抗外在的壓力，不會輕易被現實擊倒。所以建立自己的行事準則，是讓自己在承受困難打擊時依然能持續前進的原動力。

話雖如此，我們也不能過分執著於自己的準則，而理所當然地忽略他人的感受。一個人不可能顧慮到身邊所有人的觀感，但若是他的堅持會讓大多數的人都受傷，那麼這就已脫離「擇善固執」的範疇，成為只顧一己之私的「偏見」。

所以在訂定自己的標準時，一定要以保護自己也尊重他人為前提，不單以自我為中心，願意放下我執，多為他人著想，並順應情勢的變化進行調整。如此「內方外圓」的原則不僅容易獲得他人認同，自己行事起來也將會輕鬆得多。

就算是再簡單的事，也要堅持到底

禪師怎麼悟？

蘇格拉底可說是希臘三哲中最有禪味的一個。某年年初學堂開課時，他對學生們說：「今年第一堂課，我們只學一件事：請大家把手臂盡量往前甩，然後再盡量往後甩，像這樣。」他自己示範了一遍，又說：「從今天開始，每天做三百下，大家能做到嗎？」

學生們全笑著說：「這麼簡單的事，哪可能做不到呢？」

一週後，蘇格拉底問大家：「每天甩手三百次，有誰做到了？」百分之九十的學生都舉起手，蘇格拉底點點頭，便沒再問。

妙言禪

只要是自己認為該做的事，去做就對了！

一個月後，蘇格拉底又問：「每天甩手三百次，還有誰堅持了？」這次舉手的學生剩下百分之八十，蘇格拉底還是點了點頭，從此之後沒再過問甩手的事。

一年後的某天，蘇格拉底突然問學生們：「一年前，我請大家每天做三百次甩手，還有誰堅持了？」大家根本全忘了有這回事，所有的學生中只有一個人舉起了手，他就是後世被稱作希臘三哲之一的柏拉圖，也是蘇格拉底最傑出的學生。

只要具備把簡單的事貫徹到底的毅力，即使面臨再大的難關也一定可以克服。不是所有的夢想都能依靠堅持來實現，但是沒有堅持，就連實現的機會也不會有。

電視上曾播出一則麵包師傅東山再起的故事：這位曾師傅辛苦籌資開起了自己的麵包店，卻因為景氣蕭條慘賠千萬，然而他並沒有放棄這門從年輕時就全心投入的技藝。最後，曾師傅憑著最基礎的起士蛋糕，在口味和吃法上不斷研發創新，最終做出了在網路爆紅的冷凍起士點心，創造月營業額超過百萬的業績。

把簡單的事堅持做到最好，就很不簡單。即使過程中會有動搖、有懷疑，但我們永遠必須記得一件事——外在的評判，從來就無法代表自己真正的價值。相信自己，相信眼前所遇到的困境都有其意義，並堅持那些雖然簡單，對你而言卻非常重要的事。如此一來，就算外頭依然是狂風暴雨，你的心也會是晴空萬里。鑽石的原石，總要經過打磨才會擁有璀璨的光輝，你的理想經過了困境淬鍊，最終也一定會閃耀出格外亮眼的光芒。

三月

懂得世間無常，便能
從容應對人生百態

天氣陰晴不定的三月，本月份要學習的主題是「**從容**」，

練習敞開胸懷，以悠然自適的態度應對千變萬化的每一天。

許多人認為不疾不徐的生活是個奢求，

其實，這只是因為我們執著的東西太多。

緊握的拳頭缺乏彈性，而張開的雙手則有無限選擇的可能性，

人生的原則可以不變，卻需要隨著時間調整生活的方式，

就像順應季節更替穿著衣裳，才能冬天保暖，夏季清涼。

忘記自我，方能對一切無所畏懼

禪師怎麼悟？

雲居禪師每日都會到海邊的洞穴坐禪，並且總會待到天黑才回去。某天晚上，村裡幾個調皮搗蛋的少年藏身在海邊小徑旁的樹上，等禪師一經過，立刻伸手扣住禪師的頭。原以為這下肯定能嚇到對方，沒想到雲居禪師竟動也不動，任由他們胡鬧。少年惡作劇不成，反倒自己嚇得縮回手，雲居禪師這才神態自若地離去。

隔天，這群少年心虛的跑去找禪師，其中一人問道：「大師，據說村裡那條通往海邊的小徑經常鬧鬼，是真的嗎？」

妙言禪

讓自己沉浸在目前正進行的事情上，便可杜絕恐懼之心。

雲居禪師回答：「沒這回事，那條小徑很安全。」

少年又說：「但我們聽說，有人晚上在那裡被魔鬼抓住頭！」

禪師說：「那些不是魔鬼，只是村裡幾個調皮的少年。」

少年訝異地問：「大師為何如此肯定呢？」

禪師笑答：「魔鬼的手哪有那麼溫暖呢？」他頓了頓，又道：「陣前不懼生死，是將軍之勇；山裡不畏虎狼，是獵人之勇；水中不怕蛟龍，是漁夫之勇。而和尚之勇則是一個『悟』字，因為放下自己，也就超脫了生死，自然無畏無懼了。」

我們有一大堆理由可以感到害怕：怕失敗、怕失去、怕受傷、怕麻煩、怕困難……，但這些其實都能歸因於一件事——我們怕自己會感到疼痛，無論是實質的疼痛還是心痛，那種感覺都很不好受。疼痛會讓我們確切地意識到自己很脆弱，更急於想要保護自己。如果可以的話，多數人寧願安於現狀，也不想為了改變而被迫承受痛楚。然而危險無處不在，即使想盡辦法逃避躲藏，仍會有躲不掉的時候。如果無法突破，就只能放任自己在原地打轉，最後因日漸加深的膽怯而再也走不出去。

因此，若想克服恐懼情緒，最有效的辦法就是「拋棄我執」，也就是忘記自我。大家或多或少都曾有過這種經驗：當我們沉浸在某件事物裡時，會對周遭的一切渾然不覺，甚至也不曾想到自己，這就是一種「忘我」的狀態。它能幫助我們擺脫情緒糾結，進而就事論事，把焦點集中於解決問題。

而現在，我們只需要練習把這種「忘我」狀態盡量延伸到平日的生活裡，讓自己無論在進行任何事情時，都能沉浸其中。把心思放在眼前的事務而非自己身上，就能有效對抗總是悄悄偷襲我們的恐懼情緒了。

無論是否出名，重視你的人都會記得你

禪師怎麼悟？

洞山禪師預期自己即將離世，消息不脛而走，各方僧眾與弟子紛紛聚集過來。禪師看著悲傷的眾人，微笑道：「在塵世行走數年，我沾染了一點閒名，現今軀殼即將毀壞，閒名自然也該去除。你們誰能幫我這個忙呢？」眾人聞言面面相覷，不知如何是好。

這時，人群中突然走出一位小和尚。他上前禮敬洞山禪師後，便高聲問道：「請問和尚法號為何？」

此話一出，立刻惹來旁人一陣斥責，然而洞山禪師聽完，卻

妙言禪

除非你想受到「特殊待遇」，否則名氣並不是太重要的事。

大笑道：「好啊！此刻我已脫去閒名了，小和尚果真聰慧呀！」語畢，當即合十坐化。

眾人隨後將小和尚團團圍住，並責問道：「師父都要走了，你怎可如此無禮？既然不知師父名號，你又何須來此？」

小和尚難忍失去師父的悲傷，流淚道：「自家師父的名號我哪可能不知？我這只是為了完成師父最後的心願，替他除去閒名！」

曾讀過一段話：「一個人只有不被任何人憶起時，才算是真正離開了這個世界。」而那些會將你放在心裡的人，多半與你有著極深的情感聯繫，唯有在這個時刻，名聲才具有意義，即便它可能不常被提起。

所以，何須介懷對他人而言等於是過耳即忘的名聲或頭銜？這樣的生活未免太過空虛。我們應該在乎的是自己為這個世界付出了多少，而不是自己被多少人記得。

這讓我想起創立了「大西洋慈善基金會」的隱士慈善家查克．費尼（Chuck Feeney）。他迄今已行善四十餘年，在世界各地的捐款額度甚至超過了美國知名家族（例如洛克菲勒、麥克亞瑟等人）設立的知名基金會，然而直到近幾年其善行才在一次商業活動中被媒體披露出來。世人都對他刻意保持低調的行動感到不解，但他的子女卻為此下了個很好的註解：「父親這麼做雖然有些奇怪，但如此一來，那些接受餽贈的人就不必記掛於心，甚至因此費心給予我們特殊對待了。」

名聲在某些特定方面或許很好用，但大多數時候卻是累贅。當自己的一舉一動在無形中被曝光於大眾面前，自然凡事會受到限制，形同失去了自由。因此何苦去在意那些忘了你的人？會懷念你的朋友，無論經過多久，仍會放你在心裡。

禪師怎麼悟？

安於等待，體驗平凡的幸福時刻

有個急性子的年輕人，行事總是衝動搶快。某次與情人相約，他早一步到達約定地點，然而沒等多久，他就開始抱怨：「為何連約會我都得等？最近總是諸事不順，真讓人生氣！」

這時，佛祖忽然出現，給了他一支錶後說：「如果你厭倦等待，希望時間加快時，把錶上的指針往前撥動，便能如願。」

年輕人一聽立刻撥動手錶，情人果然出現了。他心想：「要是現在能立刻結婚，就太棒了！」他再撥動手錶，眼前便是兩人婚禮

妙言禪

如何聰明運用等待的時間，其實是對一個人生活態度的考驗。

的場景。他又想：「如果還能快些有孩子，豈不更好？」於是他又撥動手錶。就這樣，他的願望不曾稍停，撥動手錶的速度也越來越快，不久後他的生命就即將走到盡頭。這時，年輕人開始後悔自己為何如此急躁，卻已經來不及，因為時間只能往前，無法倒退。

就在年輕人懊悔不已時，眼前突然爆出一陣刺眼的光芒！待光亮褪去，他發現自己還站在原先約會的地點，而情人正笑盈盈地朝他走來。原來，剛才的經歷只是一場夢。年輕人開心地跑向情人，高喊道：「親愛的，我終於發現等妳竟是如此幸福的事！」

等待總是令人難熬，尤其在不確定情況發展的狀態下，等待的過程就更讓人焦心，覺得時間為何會過得如此緩慢。生命中的確有許多事不能等，但有些等待不僅必要，還非常重要，尤其是等待「奠基」與「成長」。如果希望樹木能生長得高大，就必須要有相對深植在地底的根莖，才不會在強風來襲時被連根拔起，而緻密堅實的枝幹也才足夠抵禦各式各樣的外來刺激。然而這些都需要時間培養，如果急於求成，只會收獲一棵無法為生命遮風蔽雨的無用空心樹。

人生也是如此，不了解等待的效用，就像還沒學會走路就想要跑步，肯定會跌倒。所以儘管再怎麼著急，有些時候就是非等不可，你又何苦一直保持焦躁不安的狀態，自己為難自己呢？空等的確很無趣，但你可以有其他選擇：把握時間充實自己，在機會來臨前讓自己整裝待發；或是靜下心來，練習讓自己放輕鬆，以便在關鍵時刻能穩定地發揮力量；甚至什麼都不做也沒關係，給自己片刻的放空，讓總是運轉不停的大腦修養生息。

繃得太緊的琴弦容易斷裂，偶爾的等待不僅能保留喘息的餘裕，也會令生活更增添一些得心應手的從容。

無常，其實是這世間唯一不變的真理

富商在市集裡碰見一個乞丐，乞丐對他說：「我們可是舊識呀！你可否行行好，給我一點錢呢？」

富商端詳了一會乞丐的臉，說：「我的確認得你，不過在我的印象中，你的家境應該相當富裕才對，怎會淪落至此？」

乞丐說：「去年一場火燒光了我全部家當，我現在早已是一無所有了。」

富商又問：「那你為何要來做乞丐？」

妙言禪

下個瞬間可能很糟，但也可能更好，而我們能做的，就是從不放棄努力。

乞丐答：「無論怎麼努力追求，也無法保證哪天仍然會失去一切。既然如此，又何必那麼拚命去擁有？」

乞丐走後，富商怔在原地許久，才自言自語道：「我這一生為了名氣、地位、財富汲汲營營，但這些身外物生不帶來、死不帶去，到頭來終歸會是一場空。這下我該怎麼辦才好？」他茫然地前去拜訪智封禪師，向禪師請示：「大師，我的未來將會如何呢？」

智封禪師笑答：「這問題就像太陽即使從西邊昇起，也無法在地上照出一點影子。未來本是沒影子、不切實際的事，你又何必自己捕風捉影呢？」

沒有不會離開的人，也沒有不會改變的事，所以不必因此感到煩惱或憂傷。今天的你不如昨天表現得那麼好，那是因為每天都會有不同的狀況，人生總有潮起潮落，所以何須在意那偶爾的失常？

既然我們所處的環境一直在改變，那麼身在環境中的我們也會隨之改變，身體如此，內心亦然。心就像一條河，時刻都川流著大量思緒，這是生命的象徵，是靈魂存在的證明。但它的活躍有時也很令人困擾，使人感到焦躁不安。

想擺脫這種狀況，唯有深切地認知「念頭本就是短暫的」這個觀念，才能夠進一步明白自己不需要受它控制，因為它會自生，但也會自滅。用旁觀者的角度看待自己的意念，心情就會漸漸地平復。

但「無常」並不只是消極「無所為」的無奈，它同時也代表了積極「有所為」的希望，因為無常，所以生命擁有無限的可能性，未來是可以被改變的。我們無法要求未來一定得符合預期，但仍能朝那個方向去努力。只要多加油一些，理想轉換為現實的可能性就會更大一點。

好好地活著，這是你應得的權利

禪師怎麼悟？

達觀和尚曾在童年時目睹母親自殺身亡，這件事往後成為他心中揮之不去的陰影，無時無刻不影響著他的家庭。到了他十幾歲時，弟弟竟也追隨母親自殺，這令達觀悲痛欲絕，心想：「親人都走了，我留在世上又有何用處？或許死亡才該是我最後的歸宿。」因此他數度嘗試自殺，但每次都被人從鬼門關前拉了回來。報恩寺的住持見達觀孤苦無依，便收留了他。然而達觀沒有了求生的意志，又求死不能，每天只是像遊魂一樣空洞地活著。

妙言禪

與其浪費生命討論自己存在的意義，不如多花點心思過好現在的生活。

無計可施的住持，某次便找機會對達觀說：「我雖收留了你的人，卻無法拯救你的心，你得要自救！或許你可以學他人每天坐禪，然而我必須告訴你，坐禪其實毫無用處！」

達觀聽完，滿臉困惑地問道：「既然無用，大家又何必堅持坐禪呢？」

住持回答：「正是因為無用，所以才更要坐禪！」

達觀和尚頓刻間頓悟了：人們活著，並不是為了有用處，而是為了生存。

即使是最親近的家人，我們也無法替對方承擔心中的傷痛，更不可能替對方選擇前進的方向，就算走錯了路，那是他的決定，也只能由他自己負責。因為愛去揹負別人犯的錯，甚至因此否定自己的人生，只會把自己壓垮，卻無法挽回什麼。

從被父母生下的那一刻起，我們就擁有生存的權利與義務，這一點不會因任何事物而改變。每個人都是獨立的個體，也會和其他人建立親疏不等的關係，然而這些關係並不會影響自己的存在價值，我們也不能因別人說或做了什麼，就懷疑起自己是否沒有活著的理由。如果你什麼也沒做，卻有人因你的存在而受傷，那並非是你該承擔的責任。對方拒絕愛惜自己，那麼受了傷，也只有他自己能找到治療的辦法。

生命的長度是有限的，而在死亡主動來迎接我們之前，該如何善用這有限的時間，則是我們畢生的功課。你可以選擇消極度日，也可以選擇過著充實精采的人生，這是你與生俱來的權利。但既然要活，不如就好好地活著，做自己想做的事，盡情體驗這個多采多姿的世界，到了該閉上眼睛的那一刻，才能滿足地嘆息道：「人生，還真是美好呀！」

行動時，記得留一些改變的彈性

禪師怎麼悟？

某年旱災連年，四處都鬧了饑荒。一個衣衫襤褸的窮人跑到榮西禪師所在的寺院，跪在地上哭求道：「師父，我們家已經好幾天沒開伙，再這麼下去一家老小就要餓死了，請師父大發慈悲救救我們吧！」

榮西禪師聽了，內心掙扎不已。他很想幫助窮人，但寺裡的情況也不好，僧眾們同樣過著節衣縮食才能勉強餬口的生活，他何以能伸出援手呢？

妙言禪

不要太拘泥於形式，否則當你好不容易跨出步伐，別人早已直達終點。

正當榮西禪師束手無策時，眼角餘光瞥見了大殿上的金身佛像，立刻大喜過望地喊：「對呀！佛像外層可是鍍金的。」

於是，他將佛像表層的金子用小刀刮下來，包好後交給窮人並說：「你將這些金子拿去賣了，買些食物回家吧！」

弟子們看了，忍不住對禪師說：「師父，這可是佛祖身上的金衣呀！怎可刮下來送人？此舉對佛祖是大不敬啊！」

然而榮西禪師卻正義凜然地回答：「你們說得沒錯，但救濟世人才是慈悲佛祖的宏願，如能助人，又豈會捨不得外在的衣裝？」

因為未來充滿變數，計畫永遠趕不上變化。儘管我們總是努力想照著事前訂好的規劃行事，但凡事總有例外，前方也總有意外，導致步調被打亂的情況屢次發生，的確很令人沮喪。

不過事實上，從小到大你早已經歷過許多次這樣的過程，也總是安然地挺了過來。這就意味著，即使計畫趕不上變化，既定的目標仍然可以被完成，只要我們具備了順應變化修正作法的彈性。

既然你早就知道未來無法完全照表操課，就不必老是對此抱持懸念。當然這意思並非是說，我們可以因此免除規劃自身未來的責任。你無需細細琢磨每一個步驟該怎麼做，而是要訂出大範圍的原則或概念以作為行事的指引。如同水流的原則是由高往低處流，不管是行經小溪、大河還是地下水，最後總會回歸到大海。就算事情的發展不如預期，多找出幾種符合原則的方式，你就能隨時因應突如其來的改變。想達成目標的心志是堅定的，但身段卻是柔軟的，才不會在某處難關卡住後就動彈不得。如此一來，即便多繞了點遠路，也還是能朝著理想，神態從容地前進。

四月

為自己創造喜悅，別只等待他人給予

萬物欣欣向榮的四月，本月份的主要任務是「**喜悅**」，
這是個說來簡單、做起來卻不太容易的功課，
因為多數人總會錯置豐富的物質生活當成自己的快樂食糧。
事實上，喜悅的情緒源自於生活本身，
不必汲汲營營地向外尋求，內心也能夠感受得到。
只要張大眼睛，用真心感應，
就能發現生活周遭無處不是驚喜。
其實，光是自己還能體驗生活，就足以令人感到開心。

快樂，並不是因為我們「擁有什麼」

禪師怎麼悟？

三位信徒參訪無德禪師時，問道：「大師，信佛真能助我們離苦得樂嗎？若真是如此，為何我們虔誠信佛已這麼多年，仍舊得不到快樂？」

無德禪師反問：「你們認為怎麼樣才算擁有快樂？」

信徒甲說：「擁有名譽就擁有了一切，所以擁有名譽就能得到快樂。」

信徒乙說：「擁有愛吧？愛情是最甜蜜的，有了愛當然就會感

妙言禪

喜悅的感受不必奮力追求擁有，只需要盡情去經驗，用心去體悟人生。

到快樂了。」

信徒丙說：「金錢才是最有用的，要有錢才有快樂！」

無德禪師再問：「那你們說，為什麼這世上許多人擁有了名譽、愛情、金錢，卻還是不快樂呢？」

三人你看我、我看你，沒有人答得出來。

快樂與否，和擁有與否無關。願意行善布施的人，即使一無所有，看見別人開心他就會快樂；善於體察生活的人，就算不曾獲得什麼，也能從平凡中找到許多令人愉悅的小幸福。

當一個人擁有得越多越會害怕失去，當然不會感到快樂，但擁有得少，卻會因此而懂得珍惜。某次我與友人相約品嚐日本懷石料理，或許是自小的生活習慣使然，總覺得用餐時份量一定要足夠，才能吃得飽，因此看到端上來的每樣食物都只有一點點，心裡不免感到疑惑。然而當我意猶未盡地踏上歸途時，卻忽然懂了——美味的食物若是只能品嚐到一小口，那滋味總會令人回味無窮，但份量一旦過多，人們往往就不會特別記得它。

那些讓我們感到幸福的事物，因為觸碰到了自己的真心，所以才感到心動。看戲的人會隨著劇情發展微笑落淚，這是由於人們的心為此動容，即便那不是自己的親身經歷，感受仍會留在心中。請不要被生活的表象迷惑了，無需盲目地追求擁有什麼，只要細心體會，令人愉悅的幸福感就會油然而生。

什麼都做不了，才是真正的地獄

禪師怎麼悟？

幾個小沙彌聚在一起，向方丈抱怨寺裡的生活瑣事太多，根本沒時間參禪。方丈便為小沙彌們講了個故事：

有個人死後到了地獄，發現那裡的生活既悠哉又閑適，他忍不住問魔鬼：「這裡真的是地獄嗎？沒想到竟是如此舒適。」

魔鬼回答：「這裡是地獄沒錯。在這裡你想要什麼就有什麼，只管吃飯睡覺就好，其他的事都不必做。」

因此，這個人每天就是吃飽睡、睡飽吃，過著夢幻般的生活。

妙言禪

閒散的日子其實很折磨人，那會讓我們覺得自己很沒用。

不久之後，他開始感到無聊，就跑去找魔鬼問道：「我每天除了吃飯就是睡覺，這樣和豬有什麼區別？不如你給我點工作做吧！」

魔鬼說：「這裡什麼都有，美酒佳餚、金銀財寶樣樣不缺，只要你想得到的都能立刻得到，除了工作以外。」

請求被打了回票，這個人也只好回去繼續過著乏味的生活。又過了一陣子，他實在是受不了了，只好又去追問魔鬼：「這種生活有什麼意思？與其這樣，你還不如讓我下地獄！」魔鬼卻哈哈大笑道：「你還當自己身在天堂嗎？這裡本來就是地獄啊！」

不得不為人生奮鬥的時候，我們總會抱怨生活辛苦、工作太累，但事實上，什麼都不能做，或者根本不知道該做什麼，才是最令人難受的。與我隔鄰住著白手起家的阿勇伯一家人，阿勇伯年輕時從麵包學徒做起，沒日沒夜的努力，後來成了知名的麵包師傅，還經營起麵包連鎖店。幾年前阿勇伯的兒子繼承了他的事業，他因此得以退休在家過上含飴弄孫的悠哉生活。然而好日子才過沒幾個月，阿勇伯就生了場大病，在鬼門關前驚險地走了一遭。據阿勇伯自己說，他是閒出病來的。每天不必工作，家裡的家務又讓太太和媳婦包辦了，自己整日遊手好閒，心裡格外不踏實，又不好意思告訴家人，悶久了才悶出大病。

阿勇伯笑稱自己是個天生勞碌命，但其實有事忙，生活才會有重心。據說在有長壽國之稱的日本，老年人們除了依靠飲食養生外，其長壽秘方還有一條：「要勞動。」因此許多年屆古稀的爺爺奶奶都是每日上工，不但不顯疲倦，還個個都神采奕奕，面色紅潤且身體硬朗。

想不到吧？「活到老，做到老」竟可以延年益壽，累積付出又能有所收穫。忍不住抱怨工作太累時，轉念想想，或許會瞬間精神百倍！

幸福從不設限，心念可以決定未來

禪師怎麼悟？

一個缺了隻手的乞丐到城郊的寺院向住持乞討，然而住持並未施捨給他，只是指著門前成堆的磚頭說：「你先替我把這些磚頭搬到後院去吧！」

乞丐惱怒地說：「我只有一隻手，怎麼能搬？你這分明是欺侮人……。」話還沒說完，就見住持單手拿起一塊磚，走了幾步，回頭對他說：「這件事，就算只有一隻手也能做得來。」

乞丐只好默默地用單手運磚，沒想到，他卻越搬越精神陡擻。

妙言禪

缺陷不能成為放棄自己的藉口，想做什麼就儘管去做吧！

搬完後，他滿心感激地接過住持的賞錢並說：「謝謝您！」

住持只是微笑著回答：「這是你靠自己掙來的，不必謝我。」

數年後，一位氣宇軒昂的紳士來到寺院，然而仔細一看，他竟缺了隻手。紳士捐了一大筆錢給寺院，並由衷地對住持說：「是您讓原先自暴自棄的我找到了存在的價值，雖然生活一直相當辛苦，但我從未忘記您的教誨。是您改變了我的人生，謝謝您！」

人生的道路是由自己決定的，想成為什麼樣的人，過上怎樣的生活，只要自己夠努力，命運之神也決不會虧待你。我們何其有幸能身處在一個自由的時代，即使缺乏先天的良好條件，但若是有心，就一定能獲得證明自己的機會。

外在環境無時無刻都存在著限制與難題，過了這關，又會有下一道關卡在等著你。即使天賦異秉的天才也有屬於自己的難題，也同樣必須絞盡腦汁才能克服。然而，正是因為困難永遠都在，我們才能不斷地進步，甚至某一天回首，還能因自己的成長而心生喜悅。

只要稍微想像一下你就能察覺，如果凡事你都可以輕而易舉就辦到，這種不存在挑戰性的輕鬆人生，豈不是會過得很無聊？挑戰困難才能帶來成就感，而難度越高，獲得的感動也會越大，我們更會從中提升自己的存在價值。

當然，對大多數人來說，要能不抱怨，開開心心地享受解決問題的過程，幾乎是不可能的任務。你可以偶爾哀嘆一下自己的命運，但同時也要記得，有了現在的辛苦才能凸顯出之後的幸福。真正的幸福不存在任何限制，但要不要去爭取，得靠自己來選擇。

讓別人因自己的存在而感到喜悅

禪師怎麼悟?

某天少年去拜訪住在山裡的禪師時，正巧碰到一個良心不安的強盜也來找禪師，懇求禪師為他去除心魔。沒想到禪師卻回答：「我想你大概找錯人了，我自身的惡業可不比你少！」

強盜說：「我幹過許多壞事，甚至殺了許多人，現在我只要一閉上眼就能聞到鮮血的味道。」禪師說：「我的業障比你還深重，那些殺人的場面，我就算不閉眼也能見到當時的滿地鮮血。」

強盜又說：「我做的事泯滅人性，現在回想起來都會怕。」禪

妙言禪

讓自己過得開心，是帶給別人快樂最好的辦法之一。

師再說：「以前的我根本喪盡天良，現在連回憶都不敢去回憶。」

強盜聽到這裡，立刻不屑地回應禪師：「你罪大惡極，竟還敢在這裡自命清高？實在可恥！」說完便頭也不回地離開了。

少年目睹事情經過，疑惑地問禪師：「您為何要貶低自己呢？如此強盜將不會再信任您了！」禪師笑答：「確實如此，但你沒看見他如釋重負的神情嗎？還有什麼比這更能將他導向正途的呢？」

只聽到遠處的強盜一聲大吼：「我往後絕不再當惡人了！」

曾在某部小說中讀到，一位因重傷而昏迷不醒的孩子夢見過世的母親鼓勵她：「只要妳活著，就會有人因妳而感到幸福。妳是為了這個才出生的哦！」在古代埃及，是否「幫助別人變得更快樂」，可是決定一個人死後上天堂或下地獄的關鍵。因此，每個人都是肩負著使命才來到這個世界，而我相信把快樂和愛傳遞出去，就是我們肩負的使命之一。

有個朋友擔任總經理一職。某天，她的秘書突然對她說：「總經理，可否請妳不要老是頂著一張苦瓜臉呀？」她立刻不滿地回道：「每天工作這麼累，難不成我連讓自己不開心的權利都沒有嗎？」

秘書回答：「妳的確沒有權利不開心，但這樣的妳，卻會讓公司同仁們的工作情緒都變得很低落。」這位秘書實在勇氣可嘉，然而最令我讚賞的部分，其實是她了解一個被多數人忽略的重點：想鼓舞其他人，你自己得先快樂起來。這個道理不論在哪裡都同樣適用。

歐美有句俗諺：「老婆快樂，人生就快樂。」意味著家中只要有一個人不開心，全家都會受到影響，因此讓自己保持心情愉快，是每個家人的責任與義務。既然我們已經明白這點，那麼接下來的任務就是——每一天都要盡量讓自己開心！至於怎麼做才會開心，你自己一定是最清楚的。

偶爾「麻煩」別人，能讓對方感到被需要

妙言禪

情誼會在互助中逐漸養成，面對他人的心意，你該做的是回饋而非拒絕。

克契成為佛光禪師的弟子已經好些時日，但是因為個性太客氣，不願勞煩別人，總是自己悶著頭修行。某天，佛光禪師問他：「你在我這裡也待了許久，修行有碰到什麼困難嗎？要不要和我聊一聊？」

克契趕忙搖手說：「師父您這麼忙，我怎麼好意思打擾？」

過了一段時間，佛光禪師無意中看見克契在坐禪，又問道：「克契，你近來學習是否有遇上問題？有的話就要開口問。」

克契還是說：「不了，師父您忙，我自己來就行了。」

之後，好幾年又過去了。某天克契經過佛光禪師的禪房，禪師便叫住他：「克契，為師今天正巧有空，你不妨坐下來談談禪道吧！」然而克契又拒絕了。禪師知道這個弟子謙遜過度，只好直接點破他，板起臉來大罵道：「學道參禪需要不斷探討參究，你都不來問我，怎能有所長進？」

克契回答：「但師父您這麼忙，弟子怎能給您添亂？」

禪師大喝道：「如果我總是為眾人而忙，為什麼不能為你而忙呢？你老是這麼拘謹，怎能學到東西呢？」

有些人不願給人添麻煩，卻總是大方地說：「有問題儘管跟我開口吧！不要客氣。」這其實是一件很矛盾的事，但奇怪的是，在我們身邊有這種習慣的人卻非常多。通常這會導致兩種情況：一種是他們被大家當成濫好人，導致自己往往疲於奔命；另一種則是過於客氣，使受到幫助的人無法回饋，對方心裡上過意不去，因此就漸漸疏遠他。明明是個古道熱腸的人，卻無法與身邊的親朋好友打好關係，不免令人感到洩氣。

其實有些事如果心有餘而力不足，偶爾讓別人代勞也無所謂。這不只會替自己減輕一些負擔，也能夠成為和他人溝通情誼的管道。彼此之間禮尚往來，關係才容易持久。說不定別人比你更擅長處理某些事，但你若不開口問，就永遠不會知道。

一個人的能力有其極限，但若加上許多人的輔助，力量就能變得無限大。你不僅能把事情做完，或許還可以做得更好。不是只有幫助別人才會快樂，握住別人伸出的援手，更是分享溫暖的絕佳時機哦！

幸福和別人分享，就是加倍的幸福

禪師怎麼悟？

有道禪師在寺院前的空地種了一株菊花，每日辛勤的澆灌與施肥。到了第三年的秋天，這裡便成了座菊花園，滿園的芬芳沁人心脾，只要稍稍吹起微風，花香便會隨風傳到山腳下的村子。來寺院參訪的客人都不禁開口稱讚：「好美的花呀！」

某天，一位村民來向禪師要幾株菊花，想種在自家的院子裡。有道禪師不但應允了，還親自挑選了花園裡開得最鮮豔、枝葉最繁茂的幾株菊花，挖出根鬚後送至對方家中。消息不脛而走，許多人

妙言禪

分享的快樂，是一加一大於二！

紛紛前來向有道禪師索取菊花植株，禪師也總是樂於分享。

不消幾日，原先滿園的菊花便一株不剩，讓整座院子就像沒了陽光般空洞寂寥。秋天的最後一個黃昏，弟子見了滿院淒涼的光景，忍不住嘆息道：「多可惜啊！這裡本該是一院子菊香的。」

有道禪師卻笑著對弟子說：「這樣不是很好嗎？如此一來，三年後這兒便是一村子菊香呢！」

猶記得童年時有個家境優渥的同學，每天中午總是帶著色彩繽紛、菜色豐富的便當上學，讓大家非常羨慕。

剛開始，同學們都只是盯著他的便當暗自流口水，但有天他察覺了大家欣羨的目光後，竟主動地問：「你們要吃吃看嗎？」那時大家年紀尚小，還不懂得故作矜持，聽到這話全都開心地去分享了他的便當。

後來，班上因此逐漸養成了分享便當的風氣，讓午餐時光成為一天之中最令人期待的時刻，更是往後眾人最津津樂道的兒時回憶。因為那位同學，我第一次學到：原來把自己的快樂分給別人並不會讓快樂變少，只會越來越多。

好東西自己獨享，只能感受獨自一人的滿足，但和他人分享，卻能收穫數倍的感動！看著對方臉上洋溢的笑容，你會突然發現，自己竟不知不覺地擁有了令人幸福的超能力。分享的重點不在實質上你付出了什麼，而是當下彼此共享了愛、幸福，以及許多溫暖如和煦日光般的正面能量。難怪童話中的聖誕老人，每年總是馬不停蹄地將禮物帶給孩子們，而且樂此不疲。因為在傳遞快樂、分送幸福的過程中，我們也學會了珍惜。

五月

容易滿足，是因為不計較擁有多少

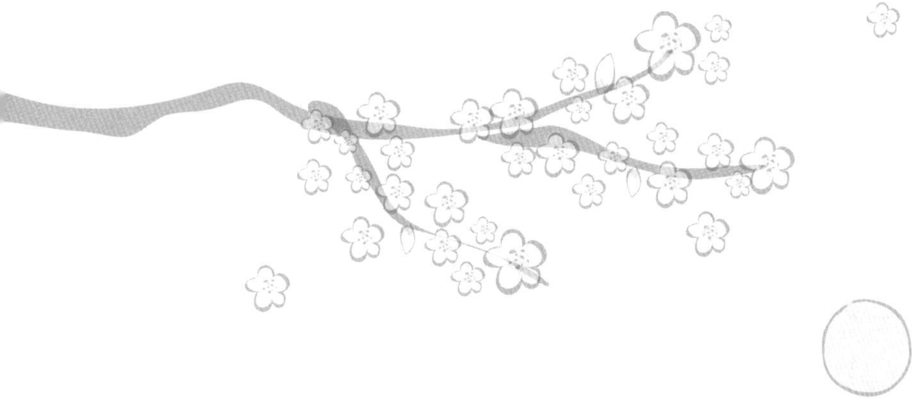

充滿溫情的五月，本月份的主題是「**滿足**」，

不再關注缺憾，享受從心底滿溢出來的幸福感。

人們總以為自己缺少的很多，甚至什麼都沒有，

然而我們其實很容易滿足，

可以因為一件小事就得到無與倫比的快樂，

那是擁有再多，也無法比擬的愉悅體會。

只要懂得用心觀察，就能發覺生命中許多小小的感動，

總會在自己不經意間，一點一點地圍繞身旁。

懂得惜物愛物，才能領悟生命

禪師怎麼悟？

欽山和尚和雪峰禪師結伴至江西辦事，半途經過一條河，便停下來歇息。禪師脫掉布鞋，看到鞋底又被磨破幾個洞，惋惜地對鞋子說：「請您再撐著點，這一路到江西，還得走上三個多月呢！」

欽山見了笑道：「對一雙鞋也如此疼惜，真是慈悲呀！」

禪師回道：「人要懂得珍惜，方能領略生命的真義。」

這時忽然從河的上游飄來一片菜葉，欽山立刻驚喜地說：「看來河的上游一定有人家，不如我們去那裡度人吧！」

妙言禪

與其覺得「好可惜」，不如物盡其用，讓物品發揮最大的價值。

禪師伸手撈起菜葉，並說：「真可惜，竟然扔掉這麼好的菜葉。如此不懂珍惜的人家不值得去度，我們還是往別處去吧！」

然而兩人正要動身，就看見一個婦人沿河飛奔而來，邊跑還邊大聲問道：「您們可有看見上游漂下一片菜葉？我洗菜時不小心讓它被水沖走了，要是真的丟了就太可惜啦！多好的菜葉啊！」

禪師從隨身布包裡拿出菜葉，婦人一見立刻開懷地笑道：「真是謝謝您呀！這下終於找回來了。」

禪師與欽山相視而笑，有志一同地往河的上游走去。

從前總是單純地認為，惜物的精神是不希望造成浪費，然而多年以後我才深刻體會到，懂得惜物才能發揮出物品最大的價值，用尊重的心情對待每一件物品。

幾年前《佐賀的超級阿嬤》這本書從日本一路紅到台灣，勾起了許多人兒時又苦又甜的回憶。在那個物資貧乏的年代，惜物是支撐一家人生活的力量，如同佐賀阿嬤總是格外珍惜賣相不佳的蔬果，善加利用到手的資源，因為這可能是幾天內唯一能填飽肚子的東西。儘管窮困地令現在的年輕人難以置信，那個時代卻奇蹟似地拉拔大了無數在戰後嬰兒潮下誕生的人們。

反觀如今的我們，東西不用了就丟，食物吃不完就倒掉，明明衣櫃已經塞爆了卻還是嚷嚷著永遠少一件衣服。太習慣什麼都不缺，所以有什麼新的、好的、流行的就通通都想要，順便把還堪用的東西棄之如敝屣。從什麼時候開始，人們變得不知足了呢？

浪費會造成源源不絕的浪費和永不停歇的欲望，無論對實質環保或心靈環保而言，都是百害而無一利。過往的惜物生活智慧，或許正是拯救現代人們枯竭心靈的良方。

降低期望，幸福就離你更近一點

禪師怎麼悟？

曾會居士某次偶遇四處雲遊的雪竇禪師，兩人相談甚歡。分別前，居士寫了封介紹信交給雪竇，囑咐他若是途經杭州，可至靈隱寺拜訪其知交延珊禪師。雪竇欣然收下了信，便與居士拜別。

不久後，居士因公拜訪靈隱寺，便向延珊禪師打探雪竇禪師的消息。不料延珊禪師卻一臉疑惑：「我沒聽說過這個人啊？更沒收到你所寫的介紹信。」

居士大驚，立刻請人逐一尋訪寺裡的僧眾，卻都遍尋不著雪

妙言禪

沒有期望，就不容易失望；知道感恩，就能收穫無限溫情。

竇，只好請延珊禪師陪同親自在寺內尋找，然而直到天色漸暗，才在一間破柴房裡找到正在打坐的雪竇。

待眾人寒暄過後，曾會居士便問道：「雪竇禪師既然來到靈隱寺，為何不去求見延珊禪師呢？是否遺失了我先前寫的介紹信？」

雪竇取出居士的介紹信還他，笑道：「我只是個無欲求的雲遊和尚，何需特地請人介紹？所以我就決定不替你送信啦！」

愛才的延珊禪師看出雪竇將來肯定會有所成就，因此不久後蘇州翠峰寺住持之位空懸，他便推薦雪竇禪師出任住持。

當他人並未以善意相待，我們可能會認為：「不過是個順水人情，何必這麼小氣？」然而事實其實是——他人沒有義務要對我們好。

明明彼此可能沒什麼關係，卻妄自期待別人應該善待自己，或者因為周圍的人對自己好，就要求所有人都該比照辦理，都是自尊心作祟使然。這並不是說我們不能向他人求助，而是在求助前，就要有被對方拒絕的心理準備；若果真遭到拒絕，也不需要感到失望，更不該因此而怨怪對方，畢竟他人本來就沒有必須幫忙的理由。

一位知名心理學家曾說：「一個人體會幸福的感覺不僅與現實有關，還與自己的期望值緊密相連。如果期望值大於現實值，人們就會失望；反之，則會感到開心。」如果總認為別人幫忙是理所當然的，那麼你自然會想要抱怨這個世界竟如此冷漠。但若是將他人的善意視做恩惠，每一次接受幫助時都當成一個意外之喜並心懷感謝，你就會發現自己時時都生活在幸福之中。把期望縮得越小的人，就越容易感到幸福；而總是記得感恩的人，則會發現生活中隨時都滿載著令人驚喜的美好。

緣份難得，請珍惜每一次相遇的機會

禪師怎麼悟？

有個出身豪門又才貌兼備的少女，對某日人群中偶遇的男子一見鍾情，但即使她不停尋找、苦苦祈求，卻始終未能再次相見。

佛祖被她的誠心感動，便現身問她：「若要妳放棄一切，修煉五百年才能見他，妳可願意？」少女毫不遲疑地同意了。

少女變成一塊大石，待在人跡罕至的山頂蒙受五百年的風吹雨打。最後一天，她被城裡的石匠看中，鑿成一座石橋的護欄，因此終於看見了男子，但只是那麼一眼，他就急匆匆地走過了。

妙言禪

遇見你想遇見的人是緣份，和有緣人共享生命的悲喜是福份。

這時佛祖又出現了，對著哀嘆的少女說：「若妳想與他接觸，還需再修煉五百年，妳可願意？」少女依然義無反顧地答應了。

她成為一棵樹，在路旁苦守五百年，末了才終於等到他。男子不再匆匆走過，而是倚在樹下乘涼，臨走前還輕撫樹幹表示感謝。

佛祖又出現了，然而還沒開口，少女便搶先說：「我已知曉您的意思，不過現在這樣就好了。愛他，並不一定要擁有他。」

佛祖點點頭，輕嘆道：「妳肯捨得，實在太好了，如此有個少年終於能少熬一千年。他為了見妳，已經足足修煉了兩千年。」

佛說前世五百次回眸，才換得今生擦肩而過，因此能相遇是多麼難得的緣份，只是一切都來得看似理所當然，導致我們總是忘記了珍惜。然而你可曾想過，世界之大，人口之多，為何偏偏是你和他相遇？為何偏偏是你成為父母的孩子？算一算，這該是多麼微乎其微的機率啊！

或許相遇的最初你也曾感動過，也曾下定決心要好好珍惜。但時間一長，不免有磨擦與爭執，開始心裡有怨，當怨積得多了，自然掩蓋了初始的真心。可是人生不過數十載，我們究竟花了多少時間來愛，又浪擲了多少時間來怨？每思及此，總不免想起一生恩怨難了的祖父母。老人家們都在世時，總為了過往的一切苦楚互相怨懟，誰也不讓誰。直到祖父辭世後，祖母嘴上的抱怨卻變成：「要是他聽人勸告別亂吃東西，不就沒事了嗎……。」言下之意，其實是捨不得攜手一世的老伴。

無論是朋友、親人、伴侶，能夠相知進而相惜，都是累世積來的緣份，錯過了，或許就再也不會有相遇的機會。世間本就無常，當你滿心以為肯定還能再見，殊不知下一刻可能就註定了永遠的分離。請珍惜現在正在你身旁的人，那麼當不得不分離的時刻來臨，我們就能用最少的遺憾換回最多的懷念與感謝。

善待自己的身體，它才能陪你到最後

禪師怎麼悟？

某天溈山禪師和弟子仰山和尚一起趕路。半途歇息時，溈山禪師抬起一隻腳對仰山說：「我數十年來都靠它承載，實在是不勝感激。」

仰山回道：「往昔佛陀在祇園所傳的法，也與此相去不遠。」

禪師又說：「不夠，不夠，這法還得再加上一條。」

仰山於是說：「天涼了就給它加雙襪子，也只是剛好而已。」

禪師便點點頭道：「你已完全理解我所傳的法了。」

妙言禪

休息是為了走更長遠的路，愛護身體，它才會一如既往地挺你到底。

縱使有再遠大的志向，若缺乏強健的身體，目標也只會成為虛無飄渺的幻想。如果達成理想，卻賠上了自己的健康，也無法享受努力之後的豐盛成果。

一位高中同學從小就患有心臟宿疾，因病延誤學業導致留級一年，然而他卻是班上公認的勤奮學生。除了努力讀書之外，他對待我們這些年紀比他小的同學也相當親切，所以總是很受歡迎。大學聯考時，他為了考上夢寐以求的科系而加倍用功，使得醫院往返的次數大為增加，但是他並沒有放棄努力，最終結果也的確不負所望。

就在即將要升大二那年，我忽然接到一通高中同學的來電。同學告訴我，他的公祭儀式將在幾天後舉行，希望大家都能出席。

在震驚之中，我才從同學口中得知了實情：他雖然考上了理想科系，卻因為身體不堪負荷，沒多久就休學住進醫院，拖了幾個月後，最終還是走了。就像高中導師說的：「他就是太努力了！」沒有顧及身體的負擔，因此讓所有人都相當痛惜。

愛惜自己的身體，不僅是為了延長它的使用年限，也是讓我們學習感恩的最好途徑。身體總是任勞任怨的支撐我們去做任何想做的事，如果它開始抗議，就表示它的確超過負荷了。我們會對那些費心扶持自己的人心存感激，然而在這之前我們最應該珍而重之的，其實是自己這副身軀。它就像一部汽車，在長時間使用後也需要適度的休息，並不時進廠檢修保養，才能好好地陪伴我們走完這趟波瀾萬丈的人生旅程。

奮鬥之餘，別忘了感謝曾經照顧你的人

禪師怎麼悟？

有個年輕人為了學道參禪，千里迢迢跑到四川，希望能在無際禪師座下學習。他在半路上遇見一位老和尚，老和尚便問他：「年輕人，你趕著要去哪裡呢？」

年輕人回答：「我要到四川去拜望活菩薩。」

老和尚聽完便說：「你與其大老遠跑去拜活菩薩，不如就近去尋訪活佛。」

年輕人一聽，立刻急切地問道：「那麼，可否請您指點一下這

妙言禪

沒有父母就沒有現在的自己，他們是你的生命起點，也是活力的泉源。

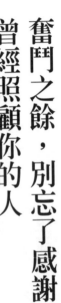

尊活佛在哪裡呢？」

老和尚回答：「你往家的方向去吧！待你到家之後，會見到一個人披著毯子，穿著錯腳的拖鞋為你開門，此人便是活佛。」

年輕人於是往回家的方向趕。待他到達家門口，已是半夜了。早早就寢的母親聽到兒子敲門，只在身上披了條毯子就急忙跑來應門，倉促間連拖鞋都穿錯腳了。年輕人見了母親，當下大悟，從此待在家裡侍奉母親，成了遠近馳名的孝子。

每當看到孤苦無依、被子女刻意疏離的老人家，母親總會感慨地說：「這些人總是拿工作忙碌為由不願意照顧長輩，但事實上，家裡的那尊活菩薩才是最會帶財的財神爺啊！」母親認為願意奉養雙親的人雖然辛苦，但老天爺會給樂於承擔的人回饋，讓他們獲得更多的人生契機。

其實願意成為父母的人，都非常勇敢。把一個小娃娃從襁褓中拉拔到成人，要撫養更要教育，還得用無盡的愛心去包容一切，期間需要的耐心與毅力，若沒有大無畏的勇氣，哪裡能承擔得起？但當他們年紀逐漸老去，腦力和行動力都持續退化時，孩子卻光顧著追求自己的理想，甚至嫌棄年邁的雙親成為負擔，全然忘了從前他們是如何費盡心力地照顧自己。

不懂得感恩的人，無法體會生命的深意，因為他們連他人的心意都不懂得珍惜，不了解真正驅動人生成長的關鍵，即在於自己與他人最平實的互動與回饋。家始終是我們一生的起點，我們在這裡成長，從這裡出發，最終才能到達世界的各個角落。即使無法隨侍在側，仍要記得不時回家看望父母，或許你還能夠在那裡找到讓自己重新出發的力量。

金錢買不到的東西，「無價」

禪師怎麼悟?

某天，曹山禪師上堂說法時，有弟子問道：「這世界上，什麼東西是最貴的？」

禪師指指外面的樹，回答：「掛在樹上那隻死貓的頭最貴。」

弟子疑惑，又問：「那明明只是副毫無價值的死貓屍，師父為何說它是世間最貴？」

禪師答道：「因為從未有人估算過它的價錢。」

曾聽人說過：「只要錢可以解決的事，都是小事。」有些東西即使用

妙言禪

生命的價值無法用物質衡量，卻會因為無形的擁有而不斷增值。

再多的錢也換不到，卻是人的一生中最值得被珍藏的事物。

金錢買不到感情，因為愛只能給予，無法強求；金錢買不到回憶，因為相同的感動不可能被重演；金錢更買不到生命，因為生命一旦失去了，即便傾盡全世界也不可能挽回。

世人總說物以稀為貴，然而就算稀少，只要願意出比別人更多的錢就一定買得到。這些東西可以被衡量，人們藉此彰顯身分地位，卻填補不了心靈的空虛，只會令人在比較的過程中逐漸拉長期待與失望的距離。比較會產生物欲，但追求物欲滿足的時間與精力，卻是犧牲無價的事物換來的，只是當下一頭熱的我們不曾察覺。為了賺取金錢，拿和親人相聚的時間去交換，或為了求得成就，置摯愛之人的心願於不顧。如果不會後悔也就罷了，但心存僥倖的心理總讓人不見棺材不掉淚，到了失去時才突然醒悟，卻又從不記取教訓，才是一生重複遺憾的主因。

金錢和物質的確是我們賴以維生的基礎，但若是超過需求，也只會成為用不到的身外之物，倘若還為此賠上無價的學費更換來心痛的遺憾，才是最可惜的事。

近幾年歐美的富豪間，開始倡議要在自己生前捐出超過一半的財產。其中一位發起人，也是知名的富豪股市大亨華倫．巴菲特表示，持有太多財產其實是件辛苦的事，不但維護起來需要耗費大量心神，更重要的是在這麼大量的財富中，有絕大部分他們幾乎用不到。既然連身家千億的富豪們都這麼想，我們又何必在這上頭繼續浪費寶貴的光陰？把時間留給自己和想要珍惜的人，那才是在無常世界中能被永久珍藏的情誼。

六月

多一點慈悲，放過別人也饒了自己

春夏交替的六月時節，這個月的功課是「**慈悲**」，

用同理心善待別人，同時也釋放了自己的心。

很多錯誤在試著去原諒之前，我們並不明白自己懂得體諒；

許多問題在學著去接受之後，我們才知道自己其實能夠理解。

善解人意之所以彌足珍貴，

是因為在那個時刻，自己才終於找到了與人交心的訣竅，

也才終於發現原來心意相通的感覺，

竟是溫暖得令人忍不住落淚。

給你遇見的每個人平等的機會

妙言禪

體諒能柔軟心，揭開被偏見蒙蔽的雙眼，讓我們看見以往從未見過的風景。

禪師怎麼悟？

玄素禪師所在的寺院門前，天剛亮就吵鬧不休。禪師前去了解，才曉得原來是一個屠夫想進寺禮佛，但僧眾厭棄他身上的血腥味，認為會玷污佛堂而拒絕讓他進大殿，雙方就吵了起來。

玄素禪師明白了事情經過，立刻喝斥道：「你們怎可有此差別以待之心？屠夫為了生活，不得已犯下殺業，自然會於心不安，需要到佛前懺悔。佛門不只要教化善人，更要度化惡人啊！」

屠夫聽了，感激地對禪師說：「大師慈悲，讓我得以減輕殺戮罪惡，還請受我一拜！」

玄素禪師連忙扶起他並說：「施主不必如此。在佛前人人皆平等，只要與佛有緣，就能蒙受度化。我佛慈悲，絕不會捨棄任何人的。」

抱持偏見是件非常可怕的事，它會讓我們看不清身旁的其他事物，更不會發現自己已深陷其中。然而最令人痛苦的，莫過於我們事後終於察覺自己的殘忍，竟用一己之見傷害了無辜的人，想補救卻早就為時已晚。如此心痛懊悔的經歷，相信很多人都曾經有過，然而卻還是一次又一次地重蹈覆轍，似乎只要不執著於自己的觀點，就會瞬間失去立足之地。

其實，保有自己的立場和獨特性，與接納他人的想法並不衝突。在宇宙裡，每個生命都獨一無二，也都各得其所，即使在最惡劣的環境中，依舊有生命的蹤跡，這便是大自然無私的證明。而我們要做的，只是回歸自然，接納並平等對待每個獨特的生命，在堅持自身特色時，也同樣承認他人是獨特的個體，有彼此的觀點和成長背景，更有著屬於自身且旁人無法理解的無奈。

當你為了自己的原則要求對方放棄時，對方也有他自己的原則；在你對一個人不以為然時，要知道他其實也深受某人重視。那麼你就能夠理解，為什麼活在同一個天空之下的我們竟會如此不同，卻又那麼的相似。既然如此，又何必執著於一時的歧見，與自己或他人過不去呢？敞開眼界，你的心將會變得更柔軟可親。

即便分身乏術，也該為別人留一條路

禪師怎麼悟？

某天佛祖從地獄之井旁經過，順便朝井裡望了望，只見漫山遍野的極惡罪犯正不停遭受地獄之火炙烤，景象十分淒慘，哀嚎聲更是不絕於耳。

這時，一個盜匪見到佛祖現身，立刻哀求祂拯救自己。佛祖觀想即知此人過去踐踏生靈無數，無惡不作，卻曾經做了一件好事。某次他差點踩到一隻小蜘蛛，在千鈞一髮時將腳收了回來，讓小蜘蛛免於被踩死的悲劇。佛祖因此認為盜匪還存有一絲善念，便決定

妙言禪

幫助別人並不會脅迫生存，但自私的人卻註定要孤寂終生。

用那隻小蜘蛛的力量來救這個盜匪。

於是，佛祖朝井裡垂下一根細細的蜘蛛絲，盜匪見狀趕緊抓住，拚了命地向上爬。然而不消幾秒，旁人就發現了這根救命稻草，紛紛搶著抓住蜘蛛絲往上爬。盜匪見了，當下大急，深怕蜘蛛絲承受不住重量而斷裂，但不管他如何費力喝斥，人群還是不斷蜂擁而上。

最後盜匪受不了了，拿起刀子便砍斷身下的蜘蛛絲。沒想到蜘蛛絲竟在此時突然消失不見，頃刻間所有人全跌回煉獄中，繼續承受煎熬。

如果這個世界只剩下自己，我們該怎麼活下去？如果經歷浩劫之後只有自己一人得救，你會慶幸自己還活著，或是絕望地想為什麼我不能和大家一起長眠？

數年前某部電影中曾詮釋此理念：

因為變種病毒侵襲，整座城市僅剩主角一人獨活。他每天除了戰戰兢兢地提防變種生物來襲，便是透過廣播，在城市裡四處喊著：「如果有任何人聽見，拜託讓我知道，你並不孤單。」

許多人在急難中甚至不虞匱乏之時，都只想到自己，卻不曾思索過當孤寂真的降臨，人們唯一的希望卻是在舉目蒼涼中找到另一個可以相依的人，即便必須付出自己全部所有。我們無法只靠自己活下去，生活層面需要仰賴他人互相扶持，心理層面需要與他人彼此陪伴。不要讓各種私心壓過你的善心，就算能力有限，順手拉他人一把並不會讓我們無以為繼。當你懂得多為別人留一條生路，就是為自己的心多闢得一畦淨土。

對別人慷慨，就等同善待了自己

禪師怎麼悟？

妙言禪

當你為他人點亮一盞燈，它也照亮了自己前方的路。

夜裡，一個僧人走在沒有路燈的窄道上，因視線不良偶爾會與人擦撞。這時他看見一個人提著燈籠迎面走來，卻聽到旁人說：「真是個奇怪的瞎子，明明看不見，卻每晚出門都要打燈！」

僧人大奇，便趨前探問：「我聽說您失明了，是真的嗎？」

盲人答：「是啊！我天生全盲，有沒有光對我來說都一樣。」

僧人不解，便問：「您既然看不見，為何還堅持要打燈？」

盲人回道：「我聽說即使是正常人，到了夜晚也會變得和我一樣看不見，因此出門才會打著燈籠。」

僧人嘆道：「您心地真善良呀！願意為旁人點燈。」

盲人卻道：「您錯了，我這麼做是為了自己。您想想，剛才一路走來，您有被人碰撞過嗎？」

僧人說：「的確被撞了幾次。天色這麼暗，這也是難免的。」

盲人又說：「您又錯了。我雖是盲人，卻從未被人碰撞過。因為這盞燈籠既能為別人照路，也會讓人看見我行經此道，自然就不會因視線不佳而不小心被碰撞到了。」

不記得何時曾讀過這則新聞：一個男子夜晚經過暗巷時，突然聽到微弱的呼救聲，立刻拿起電話撥打報案專線，聯絡警方的同時還邊朝巷內衝了進去，試圖制服正欲為非作歹的惡徒。好不容易讓惡徒束手就範，男子這才發現，那位被害人竟是自己的女兒！實在令人感到既驚嚇又慶幸。

在這個詐騙集團四處橫行的年代，熱心助人有時還會為自己招來麻煩。但正因如此世風日下，更需要人們適度的「雞婆」，為這片黑暗帶來一絲迎向朝陽的曙光。

就像前年日本震災時，許多台灣人在那一刻毫不存私的貢獻一己之力，而日本人民的感謝，則一直延續到了今天。伸出援手的人並非期待對方回饋，但情誼便如同漣漪一樣，只要滴下一滴甘露，水波就會朝著四面八方擴散到每一個角落。

不要吝惜你的善舉，也別因擔心旁生枝節而抑制自己的善心。善的種子一旦種下了，就會漸漸生根發芽，即使生長速度緩慢，也一定會有長成大樹的那天。

莫因善小而不為，莫因惡小而為之

禪師怎麼悟？

道林禪師又被人稱作「鳥巢禪師」，因為他喜好獨自住在樹上，與鳥巢為鄰。某次詩人白居易前去拜訪他，正巧看到他在樹上坐禪，便說：「您這樣太危險了，快下來吧！」

禪師卻說：「我才不危險呢！只要小心別掉下去就成了。反倒是你的處境才堪慮！官場處處險惡，人人懷有異心，即使想避，還不一定避得過，你才該小心謹慎些！」

白居易不禁點頭稱是，又問道：「那您認為該怎麼做才能盡量

妙言禪

一定會有人因你的善意之舉受惠，無論力量再微薄，也絕對不會白費。

避免危險呢？」

禪師說：「不要做一件壞事，不要不做一件好事。」

白居易聽完有些失望，便答：「您這番道理如此簡單，怕是只有三歲小兒才適用了。」

禪師哼了一聲說：「三歲小兒都能明白，你卻聽不懂！世人皆為功名利祿費盡心機，即使身陷險境仍執迷不悟。若是人人都能行好事而不做壞事，那麼邪惡自然不存在，你又怎會像現在這樣，處處遭逢危機呢？」

不知為什麼，人們似乎總能找到理由不做好事，卻又能為自己做的壞事找到藉口。例如看到商店裡販售的商品掉在地上，卻直接無視地從一旁經過，理由是：「又不是我弄掉的。」明明前方號誌已經顯示紅燈了，卻還是硬闖過去，藉口是：「我在趕時間，不快一點會遲到！」

這些都是小事，然而大量累積起來，再小的事也會變大事。試想，要是每個人都拿趕時間當藉口闖紅燈，不僅容易交通大亂，更會對路上行人造成性命危害；如果大家都能隨手幫忙撿拾道路上的垃圾，人們居住的社區空間就隨時都能保持乾淨整潔。

即使自己做的事沒有人看見，但我一直深信，這些讓社會多點溫暖的小動作，一定都有其意義。或許有一個人會因為這樣少受點氣，或許有另一個人會因為這樣喚回了好心情。只要想到這裡，心裡就會不由得升起一股暖意，就算並未收到實質的回饋，也無損於這份感動的價值。若是人人都能行舉手之勞，讓這世界少一點暴戾之氣，多一些良善的心意，為未來締造和諧的社會，就不會只是個遠大的願景。

讓別人按照他想要的方式生活

禪師怎麼悟？

無難禪師由一介江湖中人成為禪師，其中經過不少努力，對修行也自有見解。他只有一位弟子名為正受，某天他將其喚到跟前說：「我這有本歷代相傳的經書，如今授予你，務必小心珍藏。」

但正受拒絕了：「既然經書如此重要，還是師父您留著吧！」

無難禪師心下不悅，便道：「我唯你這一個弟子，你不收，這法還怎麼傳承下去？」

正受回答：「我繼承的是師父您的禪理，而非經書。」

妙言禪

因為深愛，更應該放手讓他自由地飛翔。

無難禪師大為惱火，便不顧正受的意願，硬是將經書塞進他懷裡，並說：「反正這是一定要給你的，你不收也不行！」

正受無法拒絕，只好轉身將經書扔進了旁邊的火爐中。

沒想到禪師並未發火，反倒笑著說：「好！我果真沒看走眼。學法參禪，本該要有自己的見解，你已悟得禪法的精要了。」

對我們來說，要不關愛親近之人的生活實在是太難了。有時候，有些父母認為孩子走這條路會非常艱難，於是要求他照著自己的期望去做，如果他不從，還會認為自己的一番苦心對方竟然無法理解；一旦認定有些問題是另一半不擅長的，就攬過來用自認最有效率的方式打理一切，並覺得這就是愛的實踐。或許表面上看來沒什麼問題，但你忽略的其實是——你正在阻礙對方成長。

前陣子由知名主播李四端先生主持的電視節目《爸媽囧很大》，提到了近幾年的流行語「媽寶」，這是用來形容長年活在父母羽翼下，無論什麼事都只想要依賴父母出面解決的小孩，然而這種社會現象，絕對不只是孩子的問題。其中一位來賓提及兒子初服兵役時受了委屈，回家向她訴苦後，她就忍不住去電軍營對兒子的長官施壓，結果反而害兒子被前輩欺負得更慘。因為愛，所以阻斷了被愛之人經受社會磨練的機會，反倒讓對方脫離羽翼之後，被席捲而來的壓力浪潮瞬間擊垮，這正是古訓「愛之適足以害之」的最佳寫照。

每個人有自己的人生，即便我們再怎麼擔心，也不可能永遠陪在深愛的人身邊，更遑論照顧他一輩子。何況，你不讓他試試看，又怎麼知道他不行？或許他其實比你預期中更出色。因為愛，所以更要學會寬心、放手，讓對方活出自己的精采人生，只要在適當的時機給予支持和鼓勵，就已是這世上最無可比擬的愛的禮物。

用愛的語言取代責罵，心意才能直達心底

禪師怎麼悟？

某天晚上住持到院子裡散步，走沒多遠就看見圍牆邊有張矮凳，原來有個小和尚半夜偷溜出去打混摸魚了。住持並沒有聲張，只是不動聲色地把矮凳移開，自己則在原地默默蹲著。

沒多久，果然有個小和尚翻牆進來，一腳就踩在住持的背上。小和尚眼見自己竟踩著了師父，立刻嚇得說不出話來。

意外的是，住持並未責備他，只是和緩地說：「夜裡天涼，去加件衣服吧！」說完便逕自走開了。

妙言禪

一句壞話，能讓人痛一陣子；一句好話，卻能讓人感念一輩子。

過了好一會兒小和尚才回過神來，趕忙回去將這件事告訴師兄弟們。從此以後，這間寺院再也沒發生過和尚半夜違規偷溜出去的事件了。

言語的殺傷力其實遠比我們想像的要大得多，不經意的一句話可能傷人至深，而自己卻渾然不覺。有些人常常會覺得自己的好意關心卻招來對方猛烈的情緒反彈，簡直好心沒好報，但追根究柢其實是自己未拿捏好分寸，傷了別人卻不自知。皮肉傷假以時日就能好，但心受傷了，卻有可能是數十年的痛。

我曾聽一位母親在他人稱讚女兒漂亮時，卻當著女兒的面說：「養她到這麼大，也就只有這張臉可以見人。」即使本身沒有惡意，這種自以為是的幽默感聽在對方耳裡卻非常傷人。最糟糕的是，類似這樣喜歡潑他人冷水的人，卻從來不曾覺得自己的作法有任何問題。

希望對方有善意的回應，自己得先釋出善意。就算對方犯了錯必須糾正，用好言規勸對方也才聽得進去，否則你罵了半天，他仍然只會一臉憤怒地瞪著你，這種溝通不僅浪費力氣也毫無效果，縱使一時半刻似乎有用，但過不了多久他又會故態復萌。不妨改以從旁輔助和陪伴的方式，協助他發現問題，進而找出解決的辦法。

你可以這麼說：「這麼做似乎不太好耶！你認為呢？」

或者是：「無法達成預期的成果，你覺得是哪邊出了問題呢？」

如此一來，就能避免引起對方反感，也會使他更願意反省自己的錯誤。既然要說，就要讓話真正說到對方心裡，使他感受到你的用心，他才會回應你的關心。

★得分超過12分

將禪的哲學融入生活裡，其實沒想像中那麼難，只要持續練習就一定能有所斬獲。截至目前你都表現得很好，往後也請繼續保持哦！

★得分介於6～12分

尙有某些盲點與觀念待釐清，但要調整過往的想法和思考習慣本就需要時間，因此不必灰心。請在不勉強自己的狀態下持續努力吧！

★得分低於6分

現在的你，在生活中可能正遭遇某些關卡或障礙。然而，無論最後的結果是否圓滿，都不需太過執著。人生總有缺憾，但你永遠都有再次證明自己的機會。跨越過去，讓自己繼續前進吧！

◆為了讓你更了解自己，使下半年的練習更有成效，下面有幾個問題想請你思考……

1.未來，你希望生活加入禪的思維後，會有什麼改變？

2.你認爲還需要如何努力才能完成這項改變？

3.如果之後的執行狀況不如預期，你又會怎麼面對？

經過半年的練習，你學會寬心了嗎？

禪心加油站

◆以下請依照你對該項敘述的同意程度，填入0～2。
0表示不同意，1表示尚可接受，2表示同意。

____ 相信在這世界上，一定有個夢想正等著我去實現。
____ 即使和別人不同，我仍會傾向於選擇自己想要的生活方式。
____ 我非常努力，但也明白就算如此仍可能遭遇失敗。
____ 縱然當下心情不太好，我也不會排斥與他人接觸。
____ 生活中的一切總不時會讓我感到驚喜。
____ 我願意花時間傾聽犯錯的人的心聲。

◆以下請依照你對該項敘述的「不」同意程度，填入0～2。
0表示同意，1表示尚可接受，2表示不同意。

____ 我對生活現狀不太滿意，但又覺得自己無力改善它。
____ 對那些在各方面表現優異且社會歷練豐富的人，我有時會感到羨慕。
____ 我總是覺得好還要更好，無法進步對我而言是個災難。
____ 老是必須承受痛苦，對我而言實在沒什麼意義。
____ 那些無法徹底解決的事，常會讓我耿耿於懷。
____ 我看不慣那些對生活得過且過的人。

◆請將你的得分加總，再參考後續的結果解析來評估你這半年的學習成效

七月

放下心態包袱，讓自己身心都輕盈

七月豔陽天，本月份的生活目標是學會「**放下**」，
丟棄不必要的心理負擔，在炎炎夏日裡輕鬆上路。
我們總會不知不覺在心中囤積過多思緒，
即便事情並不如想像中那麼複雜，也難以輕易釋懷。
然而，這些都不過是自尋煩惱罷了。
紛亂的雜念令人感到沈重，
那麼只要使勁從心裡將雜念掃地出門，
困擾當然就不復存在了。

拋棄偏見，就從淨化心靈開始

禪師怎麼悟？

某天無名禪師寫了一段詩句：綿綿陰雨二人行，怎奈天不淋一人。接著問三個弟子：「你們說說看，這段話該如何解釋？」

大弟子說：「兩個人同時在雨中行走，卻有一人沒淋到雨，當然是因為沒淋雨的人有穿雨衣或撐傘啦！」二弟子反駁道：「絕對是因為這場雨是局部雨，一處下了雨，另一處卻沒下，所以才會有人淋不到雨。」三弟子則說：「道理其實很簡單，其中一個人是在屋簷或迴廊下行走，當然淋不到雨囉！」

妙言禪

只要過濾掉情緒性的自我臆測，就能還原事物本來的面貌。

無名禪師等大家爭執得差不多了，才慢條斯理地說：「你們三人跟著我參悟佛法已久，卻都沒什麼進展，就是因為你們看待任何事物，都只在片面之處鑽牛角尖，甚至為此爭論，當然得出的結論會離事實越來越遠。

如同在討論這段話時，你們全都膠著在『為何』不淋一人，但事實上，所謂『不淋一人』不就已經說明了兩人都在淋雨嗎？」

把簡單的事複雜化，似乎成了現代人的通病，當然這有部分要歸因於現今傳播媒體熱愛炒作的習性。

有句台語俗諺叫做：「講一個影，生一個子。」我們不時可以看到各家媒體把名人的家務事搬上檯面，不僅描述得繪聲繪影，還不斷加油添醋波及名人身旁的無辜人士，對方越有名、越有錢，就具備越高的話題性，更是媒體爭相追逐的焦點，炒作得小事也變大事。到了後來連網友們在各個論壇、討論版的話題也佔據了新聞版面，小市民一夜間成為家喻戶曉的名人，成名的原因多半只是雞毛蒜皮的家務事，卻被大肆渲染成令人不堪的醜聞。如果人人都像這樣每聽到一句話就開始妄自揣測，人心自然越變越複雜，平白為本就混亂的社會更增添難以遏止的亂源。

因此，要想杜絕四處橫行的思想亂源，最簡單的方法其實便是「就事論事」，不在單純的事實中加入自己的臆測。如果有必須澄清的問題，直接去查證即可。比起因為憑空猜想而勞心傷神，最後發現事情根本是子虛烏有，平白煩惱了一場，不如等看到證據後再來苦惱要好得多。生命很可貴，扣除那些不得已而為之的事情，剩下的時間，你更應該用來追求自己真正的渴望。

想要有所得，必先有所犧牲

禪師怎麼悟？

有個老太太徒步到寺院參拜，卻不小心跌進路旁的泥坑中站不起來。恰巧善良的富翁經過看見了，想去扶她又擔心會弄髒自己身上的名貴衣料，便差遣身旁的隨從去幫忙。老太太十分感激，謝過富翁之後立刻往寺院大殿走去。

寺裡的和尚們看到老太太全身泥濘，連忙皺著眉頭閃避，甚至禁止老太太進禪堂。吵鬧聲引來了瑞新禪師的注意，然而禪師看見老太太後，卻逕自攙扶著她走進大殿。眾人大驚，但瑞新禪師卻

妙言禪

不要為了必須捨棄的事物心疼，因為一心多用只會損失更慘重。

說：「親身躬行才是真正的佛法！若出家人連自己都無法捨棄，還談什麼修行？」

語畢，有個和尚便問：「周遍十方心，不在一切處。難道我們連想成佛的那份心都該割捨嗎？」瑞新禪師指了指還在遠處泥沼旁躊躇不前的富翁，苦笑道：「不能捨，不能破，還在泥裡轉！」

眾人聽了，莫不慚愧地低下了頭。

小捨小得，大捨大得，能捨才能得。我們總是羨慕著向目標勇往直前的人：發表劃世紀研究的科學家、擁有龐大跨國企業的知名企業家、在國際舞台上發光發熱的選手或音樂家……，卻無法像他們那樣用奉獻自己去換取令人驚嘆的成就。為什麼他們能做到？因為這些人關注的是「我生命中最重要的事」，而非自己犧牲了什麼。或許過程中會有遺憾，但遺憾不等於後悔，只要明白自己能力有限，在當下做了最符合心意的選擇，就不需揹著後悔的包袱。把心中那小小的失落當成動力，你就有了督促自己更進步的理由。

因為能力有限，時間不足，瑣事太多，我們不可能真的把每一件事都做到完美。但即使不能盡善盡美，日子仍然得過下去，因此如何取捨，要依據什麼標準來選擇，就成了人生的必修學分之一。這堂必修課說來困難，實際學習起來卻沒有我們想像中那麼晦澀難懂。

我的母親對於家務並不在行，但她在家族裡卻是位備受稱讚的優良媳婦。母親的秘訣之一，就是用她精心鑽研的廚藝征服了家族裡所有人的胃。這個意思也就是，只要我們學會選擇在某些自己喜歡的項目上拿到滿分，甚至超越滿分，而其他看起來沒那麼有趣的項目，則盡力做到使其及格，你就已能繳出一張相當漂亮的人生成績單了。

無法被滿足的念頭，就稱作欲望

禪師怎麼悟？

南陽慧忠禪師在唐朝肅宗時受封為國師。某天，唐肅宗向禪師請教：「朕如何才能得到佛的化身？」

慧忠禪師聽了，當即制止皇帝：「請陛下放棄吧！人生苦短，最終只會是一具腐屍白骸，為此憂愁煩惱無異於浪費生命。」

唐肅宗說：「這樣啊！那麼，該怎麼做才能不憂不煩？」

禪師答：「不煩惱的人能清醒地看待自己，即便修得佛身，也不會自稱為佛。只有那些煩惱不斷的人，才會整天想著該如何擺脫

妙言禪

欲望與衝動情緒是相輔相成的，只要稍微忍一忍，就能避免許多麻煩。

煩惱。若能拋棄自身一切的欲求和想望，您將得到全世界。」

唐肅宗卻不齒道：「得到了世界又如何？朕仍不能成佛啊！」

禪師反問他：「陛下為何想要成佛？」

唐肅宗回答：「因為朕想像佛那樣，擁有至高無上的力量。」

禪師高聲答道：「修成正果，則應無欲無求。陛下現在已是貴為萬人之上的皇帝，難道還不夠嗎？人的欲望永遠無法被滿足，若您不肯放棄欲望，又怎能成佛呢？」

一個朋友前幾年迷上了某部漫畫，開始瘋狂的蒐集其周邊商品。我到她家裡時，發現房間內早已堆了琳琅滿目的物品，幾乎要塞不下了，但她卻還在喊著：「過幾天又要推出限定商品啦！我這個月已經買了不少，卻還是好想要哦！我該怎麼辦才好？」從我這個外行人的眼光看來，那些商品每個都差不多，然而她總能為它們找到非買不可的獨特之處，讓人大為嘆服。

聰明商家做生意的技巧，便是只要將欲望沒有終點的特性發揮得淋漓盡致，就能勾起愛好者無止盡的購買欲望。人類的欲望就像黑洞，一經開啟就難以封閉，若是想要脫離，只能從一開始就避免它發生，或者使盡全力逃跑。好在人們的念頭還有另一個特性：它會隨時間不停變動，只要有意識地置之不理就能漸漸消失，因此不失為一個處理過剩欲望的好辦法。但要是它經過時間鍾鍊，仍然不曾消失，這很可能就是一個你窮盡畢生也想達成的人生目標，值得你為它捨棄其餘的想望，用全副心力去完成。那麼你此時不做，更待何時呢？

這陣子聽說朋友正在出清那些周邊商品的存貨，理由是她的房間東西已經多到快要沒地方站，而且她還說：「我發現自己現在沒這麼喜歡了。」果真是此一時也，彼一時也。

放下對錯的偏執，才能領略事物的真義

禪師怎麼悟？

法慶和尚傍晚經過一處山路時，看見路旁有棟小屋發出不同尋常的華光，他心想：「看來我有緣遇上得道之人，無論再趕也得登門拜訪一下！」

敲了門後，一位年約七十的老者來應門，法慶當即向他討教修行的方法。老者於是說：「我練此菩薩咒迄今已六十多年，不曾傳授他人。此咒僅有六字：『嗡、嘛、呢、叭、咪、牛』。」

法慶一聽，便笑著說：「您這六字的正確名稱為六字大明咒，

妙言禪

遇到問題時將批判暫放一邊，先找出解決的辦法，事情才會有進展。

並非菩薩咒，且最後一字應唸作『吽』（ㄏㄨㄥ）。」法慶走後，老者便按照正確的讀音唸咒，然而怎麼唸都唸不順。

三個月後法慶再次路過，原以為老者更正唸法後功力應大增，但屋內竟無半點光亮。法慶百思不解，便向寺裡的方丈求教。

方丈說：「唸咒是為了讓心安定，只要恆常維持心定，體內的三昧真火便會顯現。老者以他的方式唸了六十年，而你一去就讓他改念，導致意亂而心煩，三昧真火自然也無法顯現了。」

對錯本無絕對，是非黑白多是來自人生觀的判定。若我們以對錯與否為由擅自干預他人作為，有時反而會害了對方。

十幾年前，我國教育部在小學教育中推廣於北美盛行已久的建構式數學，我的小姪女恰巧成了實驗性的第一屆。由於當時不只是家長，連學校許多老師都不太能理解建構式教學法的精髓，再加上許多人習慣於用傳統的方式解決數學問題，導致苦了這幾屆被強制實施建構式數學教育的孩子。小姪女遇到不懂的數學題跑去請教她爸爸，爸爸當然是用自己從前學到的方法教她，而小姪女也聽懂了。可是到了學校，老師卻告訴小姪女這樣寫是錯的，數學不能這樣解。最後孩子被搞糊塗了，連原先已經學會的東西都沒辦法理解。小姪女的數學成績一直不見起色，使得她往後一直很排斥學習數學。

生活中有許多事，就如同解決數學問題，關鍵不在於用哪種方法才對，而是要用什麼方法才能對解決問題有所助益。若他人的作法其實是可行的，還執意要用自己既往的觀念去糾正對方，反而顯得太自以為是了。嘗試去領略事物最根本的意涵，回歸問題的本質，才能找到趨近完善的解決方式。

學會凡事無所求，便能擺脫痛苦

妙言禪

強摘的瓜不甜，強求的緣不圓，放下得失心反而能盡情體會生活的滋味。

禪師怎麼悟？

一位修行人帶著兩瓶花來供養佛陀，並希望能向佛陀求道。佛陀一見他便知曉來意，當即問：「你今日來此，是否心有所求？」

修行人說：「世尊，我既是個修行人，自然什麼也不求，我只盼望能向您求道。」

佛陀說：「你既來求道，那就放下！」修行人放下了左手抱著的花瓶。

佛陀又說：「放下！」修行人又放下了右手抱著的花瓶，並雙手合十。

佛陀再說：「放下！」修行人有些困窘地放下合掌的雙手。

佛陀還是說：「放下！」修行人忍不住對佛陀說：「我已兩手空空，您還讓我放下什麼呢？」

佛陀於是回答：「我要你放下的不是手上的花瓶，而是你的六根、六塵、六識，甚至是你來此求道的念頭。」

修行人當下頓悟。

欲求是把雙面刃，求有所成會受傷，因為有得勢必有所犧牲；追求不到則傷得更深，因為無論如何固執地追求那虛幻的美夢，到頭來卻只會是一場空。古有明訓：「命裡有時終須有，命裡無時莫強求。」便是在說，不該是自己的，無論如何也勉強不來。

年少時，身旁有位朋友的初戀意外陷入三人行。那三個人原本是彼此的好友，然而隨著相處時日漸長，不知不覺中滋生愛苗，但朋友卻是被拋下的那一個。她心有不甘，更是極力爭取自己的戀情。幾番拉扯下，最後誰都無法從中獲益，往日情誼覆水難收，三個人連朋友也做不成。

她為情所困，旁人看了心疼，卻怎麼樣也勸不動她。多年後，我和她閒聊時不經意提起往事，她嘆了口氣，幽幽地說：「現在想來，我早該聽妳的，或許還能保有美好的回憶。愛一個人，本身就是件十分幸福的事，我又何必非要擁有他不可？」

得不到的失落很苦，但捨棄了得失的念頭，卻能單純地欣賞生命中每一道相異的風景。有也好，無也罷，經歷不同，就會帶來截然不同的感動，這樣的體會比起實質的得失，反而更令人感到欣喜。

禪師怎麼悟？

想要持續成長，得先清空自我的執念

一位在家修行的大學教授去參訪南隱禪師，一見面便問：「師父，為什麼我修行了這些年，卻還是覺得自己一點長進也沒有？」

南隱禪師聽完，便喚來寺裡的小和尚準備茶水，並對教授說：「先喝杯茶吧！」禪師順手接過小和尚遞來的茶壺，親自為教授倒茶。一會兒茶杯就倒滿了，但禪師卻沒停手，仍舊往茶杯裡添茶。

教授看著不斷溢出的茶水，忍不住對禪師說：「師父，茶已經滿出來了，別再倒啦！」

妙言禪

建議是多多益善，你可以對此先採取保留態度，肯定不會有所損失。

禪師卻答：「這可不一定，再多倒一點搞不好就裝得下了。」

教授反駁道：「怎麼可能呢？已經倒滿的茶杯，無論怎麼努力，杯內的水也不可能再增加了。」

南隱禪師這才罷手，笑著對教授說：「你既然明白這個道理，為什麼還來問我呢？你就像這個茶杯，裡頭裝滿了自己的見解和想法。如果不把這些東西倒掉，怎麼可能再添加新的東西進去呢？」

有自己的想法是好事，但若對此太過執著，就會平白錯失許多良好的見解。一個人的思考畢竟有侷限，且一定存在盲點，因此我們經常無法發現自己的缺失，就算是天縱英才如愛因斯坦，也必須不時接納旁人提點，才能逐步修正自己提出的理論，使其禁得起時間考驗。

人們會因為各種心理因素，諸如好面子、自我滿足、自我保護……

等等的理由而拒絕別人，甚至扭曲對方的好意，搞壞原本和諧的關係。其實，我們會有所堅持的時候，多半是不確定對方的意見是否真的好用，又擔心接納了以後會影響自己原先的判斷，才會選擇將對方拒之門外。我自己也曾遇過類似的狀況，而後來的結果證明雙方的意見都各有所長，如果當時能花點時間融合彼此的想法，想必會使結局更加圓滿。

當別人提出見解時別急著判斷，先將他人的意見記錄下來，待有空時就拿出來逐項檢視，便會從中獲得非常多有價值的想法，甚至因此激發出新的點子與創意。放下對自我的執念，並不是要你拋棄自己的想法，而是應該放開無謂的堅持，試著去吸納他人不同的觀點，藉此幫助自己跨越盲點，向目標更靠近。

八月

遇事坦然，即使生活再難心也不累

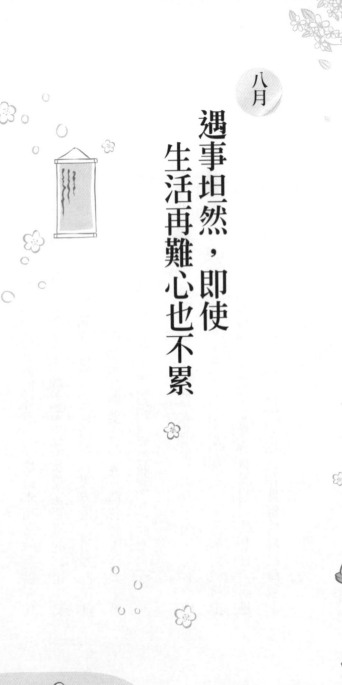

天災人禍頻傳的八月，這個月要迎接的課題是「**坦然**」，
練習在遭逢困厄之後仍能保有勇氣，以寬廣的心面對生命。

人生有太多不得已，但即使了然，
那股淤積在胸口的情緒，每每總令人憋得難受。
因此，別總等到承受內傷，才來亡羊補牢地學著釋懷。
讓自己習慣退一步思考，在開始前先將心理建設存檔備用，
就算留下遺憾，人生也能活得舒坦。

逃避是沒用的，對自己誠實才能解決問題

禪師怎麼悟？

某個久經沙場的將軍因為厭倦了戰爭，便前往拜訪宗臯禪師，請禪師為他剃度出家。然而宗臯禪師卻回答：「你還有家庭需要照顧，也有必須承擔的社會責任，現在還不是你出家的時候。以後再說吧！」

將軍辯駁道：「禪師，我已將世間瑣事全都放下了，這些對我而言都不是問題，請您即刻為我剃度吧！」然而無論他如何懇求，宗臯禪師都拒絕了。將軍眼見禪師心意已決，只好不情願地回家。

妙言禪

越是困難的問題，越需要鼓起勇氣面對；盡力了，才能勇敢地放下。

隔天，他大清早就來到寺院禮佛，宗杲禪師見到他，便問：「將軍為何這麼早就來拜佛呢？」

將軍便學著禪偈的語氣回答：「為除心頭火，起早禮師尊。」

禪師也開玩笑地以相同語氣回應道：「起得那麼早，不怕妻偷人？」

將軍一聽，立刻發怒大罵：「你這老怪物，講話太傷人！」

宗杲禪師沒有生氣，只是微笑著回道：「輕輕一撥扇，性火又燃燒，如此暴躁氣，怎算放得下？」

聖嚴法師曾說：「遇到問題時，要面對它、接受它、處理它、放下它。」這四個步驟缺一不可。沒有認清自己的人，總會誤把逃避當成放下，事實上卻是不願面對殘酷的現實。所以有人因為厭倦了塵世而選擇出家，有人因為承受不了痛苦而選擇了結自己，這是逃避，不是放下。即使逃得了一時，問題也不會就此消失，總有一天還是必須面對。就算你拒絕承認，埋藏在心裡的惴惴不安仍會終日如影隨形，直到你願意去處理，願意去學著與自己的心和解。

人生的比賽，你可以中場休息，卻不能就此棄賽。過不了自己這關，相同的場景只會一再重演，直到你終於想盡辦法突破，才具備往下一關前進的資格。

面對需要勇氣，但逃避只會讓自信心在等待中快速流逝。有些事情，面對了才會知道其實沒那麼難處理；有些問題，面對了才會明白自己真的無能為力。能解決的，我們盡力而為，不能解決的，就接受事實。或許一時會感到沮喪，但命運關了你面前的門，就會在身旁開啟另一扇窗。時候到了，面對痛苦，放下煎熬，就會有另一段嶄新的人生正等著你去體驗、去探索。

讓三分何等清閒，退一步海闊天空

禪師怎麼悟？

大清早，朱居士就帶著鮮花素果趕往寺院參加早課。然而剛踏進大殿，就迎面撞上從一旁突然竄出來的李居士，懷裡的東西頓時全掉在地上。朱居士忍不住高聲質問對方：「你竟然如此莽撞！我好不容易準備的東西全毀了，你要怎麼賠償我？」

李居士一聽，也不滿地回道：「不過就是無心碰撞了你，我道歉還不行嗎？何必這樣欺侮人？」兩個人你來我往地對罵起來。

這時廣圓禪師恰巧經過，問明了原因後，將兩人帶至一旁開示

妙言禪

避免意氣用事的爭執，能為彼此保存面子，創造雙贏的最佳結局。

道：「行為莽撞的確不應該，但不肯接受他人道歉也是不對的。有智慧的人不只能坦率承認自己的疏失，也會大方接納別人的歉意，各退一步讓彼此有轉圜的餘地，這才是對自身行為負責的表現。

人生於世，必須妥協的事情有很多，比方在家庭裡，如何與父母、子女和伴侶溝通；在職場中，如何與同事相處；在經濟上，如何量入為出……等等，如此才不致平白浪費了大好時光。而你們一早就惡言相向，破壞了彼此前來參拜的虔誠之心，豈不可惜？」語畢，兩人都面有愧色，雙雙致歉和解。

需要「妥協」，表示不得不做出退讓，因此這個詞總讓人倍感無奈，但很多時候我們卻必須透過這種方式，才能為彼此找到繼續溝通的機會。爭執之所以會發生，並非一定是某一方出了錯，而是因為雙方都各持自己的立場，為了理想、利益甚至大多是為了面子問題，導致了僵持不下的局面。但是事態演變至此，最後的結局多半也都離此不遠——若沒有外力介入，牽涉其中的人經常不僅輸了面子，還輸了裡子。

不得不妥協時，最讓我們感到難以忍受的不是自己的損失，而是胸中那股不甘心的憤慨情緒。因為失去對情勢的主控權，那種只能坐以待斃的無助感令人害怕，所以我們想要反擊，在衝動的驅使下甚至無法顧及後果。但只要靜下心來就會發現，這股憤慨情緒的矛頭，其實是指向自己。

許多人以為爭執是拚命拿唇槍舌劍去傷害對方，然而實際上這卻是一種自我傷害，一旦在其中落於下風，不甘心的情緒就會快速滋長，無論最後從表面上看來誰是贏家，都無法從中獲得好處。所以人們才想出了妥協這個辦法，讓局面在可控制的範圍內，朝彼此都能接受的方向發展。即使結果和原先的期望有落差，但至少不會太壞。只要能這麼想，就不必再用不甘心來攻擊自己，而那股堵塞在胸口的難受，自然也會漸漸消散了。

小聰明只能撐過一時，處事踏實才是上策

禪師怎麼悟？

若愚和尚午間都會小憩片刻，師弟們某次就問他：「師兄為何中午都要午睡呢？」

若愚回答：「孔子每天都會藉著午睡，在夢裡向周公及古聖先賢們討教，醒來後再將道理傳授給弟子們，而我也是如此。」

剛來不久的師弟們聽完，便點點頭沒再追問。這時正值夏季，炎熱的天氣加上戶外陣陣蟬鳴，催得人昏昏欲睡。某天幾個師弟們在禪房打坐，坐著坐著便打起了瞌睡。若愚和尚見了，立刻敲醒他

妙言禪

聰明總被聰明誤，老是心存僥倖，終究會有踢到鐵板的一天。

們訓誡道：「打坐時應該專心一意，你們怎麼可以打瞌睡呢？」

一個師弟揉著眼睛說：「我們在仿效孔子到夢中向古聖先賢討教。」

若愚一聽對方拿曾說過的話堵自己的口，立刻急中生智，問道：「那先賢們和你們談了哪些道理？說來聽聽。」

師弟回答：「我們一見到先賢便問：『我們的師兄每天中午都會來和您們討教呢！您們和他說了什麼，能否也教教我們？』但先賢卻說：『你們在說誰呢？我沒見其他和尚來過我這裡。』」

俗話說：「夜路走多了，總會遇到鬼。」一般人有時會心存僥倖：深夜路上沒什麼車就闖個紅燈，認為不可能被警察抓到；為了圖方便把家中垃圾丟進行人垃圾桶，以為環保局不可能跑來查緝；遛狗時讓寵物隨地便溺，反正沒人在看不清理也沒關係⋯⋯。然而真的被抓到受罰時，又要責怪別人不通人情、埋怨自己運氣不好，怨天怨地就是不曾反省自己為何總要心存僥倖。

所謂「因果循環，天理昭彰」，之前種了什麼因，今後就會自食其果。人的一切作為是由自己控制的，現在所做的每個動作，都會對往後的事件產生影響，即使拚命為自己找藉口也躲不掉。所以莫怪老天爺苛待了你，是你待自己不好，如今才會深陷困境。

但我們不妨反過來想，只要從現在開始，不貪快、拒絕貪小便宜、不再只圖自己方便，或許好運不一定會就此上門，但趕跑了衰運，好運到來的機率肯定會大得多。若是以後碰上類似「你不過就是運氣比較好」的酸言酸語，也能夠坦蕩地回答：「我的確很好運，但我也非常努力！」

誘惑本就無處不在，只需坦然以對即可

禪師怎麼悟？

洞山禪師正和雲居禪師論禪法，卻突然問道：「你愛色嗎？」

邊聊天邊撿豆子的雲居禪師聽了嚇一大跳，把竹籃裡的豆子都灑了出來。他奮力壓下高漲的情緒，邊假藉撿豆子掩飾窘態邊順口答道：「不愛！」

然而這些小動作全沒逃過洞山禪師的眼睛，他婉惜地說：「你確定這是你心裡真正的答案嗎？你認為當考驗來臨時，自己能夠從容應對嗎？」

妙言禪

在各種人生試煉前假裝淡定沒有意義，重要的是你的心中是否有所堅持。

雲居禪師大聲答道：「當然可以！」

他緊接著問洞山禪師：「那你愛女色嗎？」

洞山禪師聽到這個問題便笑了出來，答道：「我就知道你會這麼問。我看女人，不過是見到一個個隱藏在美麗外表下的臭皮囊。你問我愛不愛，但愛或不愛，又有什麼關係呢？心中有所堅持，那堅持下去就對了。其他無關緊要的事，又有什麼好在意的呢？」

年輕時，曾以為受到誘惑仍能面不改色，才是真功夫；但現在我卻覺得，在經歷動搖掙扎之後還能堅持自己所想，反而更令人欽佩。就像鑄鐵的過程需要承受鐵匠數次擊打，才能成就一口堪用的鐵器，度過錘鍊之後的堅毅方能彰顯出不同於世俗的價值。重點從來就不在於前來迷惑我們的到底是什麼，而是我們心中抱持著怎樣的想法，是否有堅持下去的意願。

希臘哲人亞里斯提波斯曾在課餘時帶學生去逛妓院，其中一個學生到了妓院門口就滿臉通紅，搖頭表示不敢進去。亞里斯提波斯當下喝斥道：「不過是進去逛逛，有什麼好怕的？只有出不來的人才需要害怕！」

生活裡總不時會出現各式各樣的誘惑：你想存錢，就會有各種機會導致你不得不花錢；你想減重，愛吃的食物便三不五時出現在你面前；你想用功，玩樂的邀約就會傾刻間全都找上門……這一刻，似乎全世界都跑來阻撓你，讓你無法完成自己想做的事。但你要做的並不是責怪自己：「為什麼我會這麼動搖？是不是我的意志不夠堅定？」而應該對自己說：「這些東西的確很吸引我，但我還是會堅持下去。」心念會左右行動，有了考驗，只會讓我們更加確信自己選擇的方向。

猜忌是源於自己心中的阻礙

玄機和尚去拜訪雪峰禪師。一見面，禪師便問：「你從哪裡來？」玄機回答：「我來自大日山。」

雪峰禪師點點頭，又笑著問：「太陽出來了嗎？」禪師話中有話，想知道玄機是否從參禪中悟到了什麼禪理。

然而玄機以為禪師在試探他，故而不悅地回答：「如果太陽出來了，雪峰不就要融化了嗎？」玄機的答覆意有所指——如果我已經悟道了，又何須來求教於你呢？

妙言禪

把煩惱的精力拿來尋找答案，你會突然發現，其實哪有什麼事好煩！

雪峰禪師見玄機雖性情高傲，卻聰明伶俐，認為應該提點他一下，便問：「你的法號是？」玄機和尚說：「玄機。」

禪師又問：「日織幾何？」意欲詢問玄機每日是如何修行的？

然而玄機以為禪師又在考驗他，便昂然地回答：「一絲不掛。」藉此告訴禪師，自己已經解脫淨盡了，所以無牽無掛。

至此，玄機認為再待下去也問不出什麼結果，便起身告辭。然而走沒幾步，雪峰禪師突然叫住他：「玄機，你的袈裟拖地啦！」

玄機和尚急忙回過頭，卻發現袈裟好端端地披在自己身上。只見雪峰禪師哈哈大笑，說：「哈哈哈，好個一絲不掛啊！」

心中存在太多雜念，會導致對人、對事習慣心存猜忌，而自己卻渾然不覺。倘若看不見自己的錯誤，聽不進他人良善的建議，也就無法獲得進一步學習的空間。

聖嚴法師曾說：「心中有阻礙時，眼中的世界皆不平；心中無困擾時，眼前的世界都美好。」阻礙與困擾怎麼來？由我們的心中而來。因為想得太多、顧慮得太多，自然煩惱頻仍。若總是以自己的小人之心度他人君子之腹，就像戴著有色眼鏡看待別人，無論怎麼看，都只會看到同一種顏色。如果世界上的每一個人，都戴著自己自創的有色眼鏡評論他人，互相指摘，吵嚷紛亂當然也就無所不在了。

其實，真的不必想太多。客觀而單純，才是萬事萬物真正的樣子；人心主觀的胡思亂想、加油添醋，反而是把情況越弄越複雜的元兇。迷惘是人生的一部分，但多花一些時間去迷惘，就少了點親身體會與驗證的機會。與其費心思量，不如勇敢地邁步向前吧！要是走錯了路，再從頭來過就好。擔心和猶疑不絕的時候，聽一聽旁人的意見，從別人和自己的錯誤中學習，下一次肯定就能走得更好。

自己的需求，要確實讓他人知道

禪師怎麼悟？

一個大官邀請了當代高僧來家裡說禪論道，一聊就聊了整個上午，談得十分投契。午餐時家僕端出一大一小兩碗麵，大官於是將大碗推給高僧，並說：「您是尊貴的客人，應該吃大碗的麵。」

通常為了表示禮貌，高僧這時應該將大碗回推給主人，然而他卻端起了碗說：「那麼我先用了。」就埋頭吃了起來。

大官沒料到高僧會有此舉，頓時因覺得對方輕視自己而心生不悅。高僧吃完了麵，才發現大官連筷子都沒動一下，臉上還帶著惱

妙言禪

若是認為其他人都該表現體貼而故做矜持，最後只會吃悶虧。

色，便問：「您為何不吃？」大官一言不發，只是瞪著高僧。

高僧見此情景笑了起來，又道：「剛才我的確已經餓了，若還將大碗推回您面前，便與我的本意不符。既然如此，我為何要這麼做？我倒想問問您，這麼你推我讓的目的，究竟是什麼？」

大官回答：「吃飯。」

高僧說：「既然如此，大碗的麵誰吃不是都一樣嗎？或者您把大碗讓給我，不是出於您的真心呢？若不是出於真心，您又為何要那麼做？」大官當下大悟。

據我母親說，從前她剛開始和父親交往時，曾因為小女子的矯情而吃過不少苦頭：她和父親約會吃飯，或去對方家裡作客，總會為了維護小女子的矜持，拚命忍住自己對於食物的愛好。無論端上來的是什麼菜，都只夾上一小口就當自己吃過了，對方要她多吃點她還不肯。結果最後總是讓自己餓到前胸貼後背，還暗自生悶氣，埋怨遲鈍的父親何以如此不貼心。

每次聽母親提起這段往事，大家總是笑得前俯後仰，父親則在一旁一臉尷尬。這讓我下定決心，以後絕對不要為了保持形象而在交往對象面前裝模作樣。後來事實也證明了，在他人面前展現自己真實的一面，對方並不會覺得反感，甚至會因為不必猜測你莫名其妙的情緒來源而感到輕鬆。倘若雙方都明白自己的舉動只是客套，卻還是堅持要客套下去，只會陰溝裡翻船，讓彼此都受累。

真心以對，才能獲得真心的回饋。倘若雙方需求有所出入，不妨尋找機會與對方協商，將彼此的需求確實地提出來討論，以期能得到讓雙方都可接受的結果。想讓自己對所遭受的委屈釋懷並不是件容易的事，但透過這個方式，能幫助自己更順利地處理怨懟不滿的情緒。沒有了怨懟，往後當彼此再度合作時便不會心存芥蒂，因而可以更自在地與對方互通情誼。

九月

輕鬆看待難關，反而能發現轉機

眨眼到了漸涼的九月，本月的主要任務是「**輕鬆**」，
用隨緣的態度，對待每一個降臨的麻煩。
再怎麼討人厭的困擾，一旦度過了也就沒事了，
又何必在當下持續用焦慮壓迫自己的心？
事情根本沒有這麼嚴重，
會把人心攪得惶惶不安的，都是自己過於多慮的想法。
著急無法解決問題，不如乾脆地放下，
或許還能在無意間找到替自己解套的辦法。

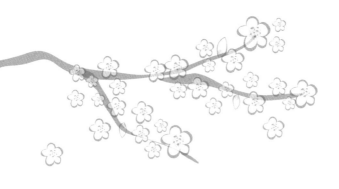

被人說了閒話，當成耳邊風就好

禪師怎麼悟？

小沙彌最近老是覺得有人在背後說他閒話，因此無論做什麼事都感到異常煩躁。某天他終於受不了了，跑去找師父哭訴：「師父，師兄弟們近來總是暗地裡說我壞話，真是太過分了！」

師父卻緩緩地回道：「是你自己在說壞話，為何要推托給別人？」

小沙彌不服道：「師父，是他們在搬弄是非，不是我。」

師父又說：「搬弄是非的是你，不是他們。」

妙言禪

八卦就是八卦，你又何必這麼認真看待呢？

小沙彌急道：「分明是他們在節外生枝！」

師父再道：「節外生枝的是你，不是他們。」

小沙彌很委屈，哽咽道：「師父怎能這麼說？他們胡亂批評我，我豈能不管？」

師父說：「說壞話、搬弄是非、節外生枝，那都是他們自找的事，既然愛說就讓他們去說，和你有什麼關係？你不認真修行，腦袋裡成天記著他們的閒言閒語，不正是你自己在多管閒事嗎？」

無論是在職場或家庭中，我們有時很難避免被他人說三道四。喜歡談論八卦似乎是人類的天性，尤其是那些與自己無關，卻與他人榮辱得失有關的事情。每當這類消息一被提起，附近的人們即使不參與討論，也個個都會豎起耳朵湊熱鬧，使得原本應該是秘密或只是他人的私事，要不了多久所有人就通通都知道了，這便是八卦消息最令人害怕之處。

但八卦正因傳得飛快，自然也消散得非常迅速。相同的消息只要不刻意炒作，甚至當事人完全不予理會，過不了多久人們就會遺忘它。尤其是那些無中生有、缺乏可靠消息來源的閒言閒語，因為無法證實，人們便會漸漸對它失去興致。要是當事人把這些話聽進心裡，對此太過認真，除了讓自己難過，還會正中他人下懷，使散布流言的人逮到機會更加大肆宣揚：「果真是此地無銀三百兩啊！」

所以，若是遇上被人說長道短、自己又無法閃躲的時候，最好的辦法就是「不處理」的處理法，讓自己放輕鬆，把他人的評論當成耳邊風。久而久之，中傷你的人發覺這招對你沒用，自然就不會再以此攻擊了。

放不下的煩惱，不用勉強沒關係

禪師怎麼悟？

真可禪師出外雲遊，某天無意間聽見一位僧人誦念張拙秀才悟道時所做的偈：「斷除妄想徒增病，趨向真如即是邪。」其大意是說，若是執意要根除妄想雜念，只會平白增添痛苦，太過執著追求真相，反而會扭曲了事情的原貌。

但真可禪師一聽，當下否定道：「錯了，錯了，這偈應當改為：『斷除妄想方無病，趨向真如不是邪。』」他認為應該完全根除妄想雜念才能了卻病痛，窮究真理才能免於落入邪道。

妙言禪

用順其自然的態度對待煩惱，它自然無法成為你的困擾。

然而一旁僧人卻不置可否地說：「我看不是他錯，是你錯。」真可禪師一聽，疑心大起，立刻抄下了這首偈，回去貼在牆上細細參究。他廢寢忘食多日，苦苦思索以致於不斷以頭撞牆，然而撞到頭面俱腫仍然不得要領。直到某天他正準備用齋飯時，突然靈光乍現、豁然開朗，那些腫脹的部位也不復疼痛了。

許多人都曾遇過這種情況：想要停止煩惱，但就是無法讓自己不去想；想要恢復好心情，卻怎麼樣也開心不起來。這是因為當人們陷入情緒之中，又奮力地想解決自己的情緒問題時，反倒會由於過度在乎而使得自己越陷越深。

事實上，所謂的妄想、雜念或煩惱等等，原本就不可能完全根除，如同一塊良田，即使農夫辛勤耕耘，不時還是會有雜草冒出頭，無法完全避免。固執地想根除煩惱、脫離情緒困境，不僅不切實際，也容易因此鑽進牛角尖走不出來，更增加了煩惱、痛苦的嚴重程度，無異於庸人自擾。

既然煩惱無法完全去除，不如就放下根除的念頭，與它和平共處。當你把煩惱和壞情緒視為生命過程的一部分，就能將心神轉移到其他重要的事物上。不久之後，當你回過神來便會發現，煩惱好像沒有原先所想得那麼嚴重，心情也似乎沒有如此糟糕了。因為人的思緒是稍縱即逝的，只要別死死地抓住它，它就不會對你構成困擾了。

往事如夢，醒來後就無需再去回想

禪師怎麼悟？

某天，溈山禪師午睡醒來，恰巧弟子仰山和尚前來探視。溈山禪師便對仰山說：「剛才我睡著時作了個夢，不如你來替我圓這個夢吧！」

然而仰山什麼話也沒說，只是逕自走出去，隨後端回來一臉盆的水和毛巾請禪師洗把臉，好讓禪師快些「清醒」過來。

不久後，另一個弟子香嚴和尚也來探視溈山禪師，禪師便對他說：「剛才我睡著時作了個夢，仰山已先替我圓了夢，現在你也來

妙言禪

儘管回憶令人難受，但現在的自己依然活得好好的，這就夠了。

圓圓看吧！」

但是香嚴同樣一句話也沒說，只是走到茶几旁倒了杯茶水恭敬地端給禪師，讓禪師喝口水舒舒心。

溈山禪師見他們此舉，便點點頭欣慰道：「你們倆可真是智慧超群的解夢人啊！」

有人說，夢境是現實的延續，潛意識在意的事物，會以各種不同的形式出現在夢境裡。大多數的夢，夢醒之後就不復記憶，但有些夢，卻會像身歷其境般令人印象深刻。然而，無論前晚的夢如何詭異離奇，我們終會醒來，終究必須在屬於現在的時空好好地過下去。夢醒了，但人生還在延續；往事已成追憶，但時間不曾停止前進。既然如此，我們為何要沉溺於那個已經逝去的夢，而耽誤了現在的自己？

人的記憶非常奇妙，會因為許多不可知的原因而遺忘某些回憶，導致自己分不清過去的事究竟是真有其事，抑或只是一場太過真實的夢境。然而即使知道了答案，過去也無法被改變，再去探究其真實性顯然也失去意義。倘若因為計較過去導致影響了自己，甚至傷害身邊親愛的人，反而是得不償失了。

每個人都有過去，即便是再痛苦的回憶，對現在的自己來說，也只會成為一場真實深刻的夢境。既然如此，不如就放鬆心情，用置身事外的角度微笑面對，讓那些過往的酸甜苦辣，都濃縮成一個個專屬於你的動人故事。

禪師怎麼悟？

過於強調身分，只會侷限了自己

一位尼姑前來拜訪龍潭禪師，向他請教：「禪師，我希望來世能投生為和尚，請問這一世我要修行多久才能達成來世的願望？」

龍潭禪師反問她：「你入佛門至今過了多久？」

尼姑說：「禪師，我來此是想請教您，來生我有沒有可能成為和尚。這和我入佛門多久又有什麼關係呢？」

禪師不答，又問：「那你現在是什麼？」

尼姑有些氣惱，回答：「禪師，大家都看得出來，我是個尼

妙言禪

會限制我們的並非「身分」，而是人們的「自我」。

姑！您怎麼會搞混了呢？」

禪師於是開示道：「誰知道你是個尼姑？性別只是外在的表象，你入佛門的目的是為了修行、尋求佛法，這和你是和尚或尼姑，又有什麼關係？」

許多時候我們認為「他人的看法」，其實是我們對自己的想法，而這通常與他人的實際看法有落差。

幾年前國外曾進行過一個實驗：

受邀的受試者隔著布簾對陌生的畫家描述自己，畫家則根據這些描述來繪製畫像。數天後，受試者再度受邀，由畫家帶領受試者來到兩幅極為相似的畫像前，受試者這才發現，原來兩幅畫上的主角都是自己，然而其中一幅畫面明顯地線條柔和而充滿朝氣，另一幅卻顯得陰暗深沈。畫家解釋，那幅朝氣蓬勃的畫像，是源於其他曾見過受試者的人對受試者的描述，而陰暗深沈的畫像則是源自受試者的自我描述。

這個實驗探究的結果，是他人對我們的觀感，通常會比我們自以為的更好，所以我們其實不必太過在意自己表面上看起來是什麼樣子。因為這些身分或形象所構成的障礙，多半是自己假想出來的，實際上並不影響我們作為一個人的本質，也和我們具備什麼樣的能力、本身努力與否沒有直接關係。

想要有所作為，端視自己的態度是否積極，當面對困難時，是否擁有百折不撓、跌倒了也能再度站起的勇氣。即使先天的身分、地位、相貌條件不如人，也無需為此耿耿於懷。請在應該盡力的地方全力以赴，其他相對而言無關緊要的事情，則輕鬆以待就好。

太過緊張時，稍微分神反而能有好表現

禪師怎麼悟？

小沙彌被伙房的和尚派去山下的村裡買油。伙房和尚交給小沙彌一個碗，並且嚴厲地告誡他：「最近寺裡的財務吃緊，你要很小心，別把油給灑出來了。」小沙彌點點頭，便下山買油去了。

回程時小沙彌想起伙房和尚的囑咐，緊張得不敢東張西望，卻因此在寺門前踢到石頭，不小心就灑掉三分之一碗的油。

這下小沙彌更緊張了，手開始不住地顫抖，等到了伙房時，油已經只剩一半。伙房和尚見了氣得大罵：「不是警告過你要小心

妙言禪

面對越重要的場合，越要不時轉移注意力，先克服緊張，你就成功了一半！

嗎？竟然還浪費了這麼多油，真是氣死我了！」

小沙彌委屈地掉了眼淚。住持聽說這件事，便跑去安撫伙房和尚，又對小沙彌說：「我再派你去一次，但這回你不只要把油買回來，還要在回程時仔細觀察這一路上的人事物，並且跟我報告。」

小沙彌本想拒絕，但礙於住持的堅持，只好又跑了一趟。回程的路上，他才發現原來這條山道的風景好美，不但可以遠眺群山，還能看到綠油油的梯田，以及在田間玩耍的孩子們。等到小沙彌把油交給伙房和尚時，才發現這一次自己居然一滴油也沒灑出來。

從生物學的角度來說，緊張情緒是源自於我們與生俱來的本能，藉此我們得以在急難時併發出力量來逃避危險，可說是物種發展過程中演化出來的重要特質。

然而時至今日，危機意識雖有助於臨機應變，卻並非人人都適用。在緊張狀態下，有些人會有絕佳表現，但也有人只要一緊張就頻頻出錯，經歷過幾次不好的經驗，便會開始想要逃避，閃躲那些會讓自己緊張到發抖的狀況。惡性循環之下，因為問題無法獲得解決，只好選擇不斷逃避，而此舉也使得自己更不想去面對問題，導致光是逃避就會耗去大半的時間與精力。

在英國有句俗諺：「Fight or flee.」意思是說，既然無法逃避，就只能選擇面對它，克服它。但到底該怎麼做才能妥善處理當下的緊張情緒？不執著在令人緊張的事物上，讓自己轉移注意力，就是在焦慮現形時最有效的解決辦法。你可以找找身邊感興趣的事物，或者深呼吸讓大量新鮮的氧氣幫助自己放鬆下來。當有過成功對抗緊張的經驗後，下一次緊張的時刻再來臨，你就會對自己更有信心。

盡力付出之後，順其自然就好

禪師怎麼悟？

見到寺院前空地一片，小沙彌忍不住催促方丈：「師父，我們趕快買些草籽播種吧！」方丈卻說：「別急，等空閒時再買就好。植草又沒有季節限制，何必急於求成呢？隨時！」

中秋時節，方丈終於帶回一袋草籽。小沙彌開心的跑去撒種，卻吹來一陣風，把手上許多的草籽吹跑了。小沙彌急喊：「師父，好多草籽都被吹跑啦！」方丈卻回說：「沒關係，會飄走的都是空心草籽，即使種下去也不能發芽，擔心什麼呢？隨性！」

妙言禪

上善若水，讓心境像水一樣柔軟，便能四通八達、生機無限。

撒完了草籽，卻飛來一大群麻雀，專挑結實飽滿的草籽吃。小沙彌見了，驚慌地喊：「師父，小鳥把好的草籽都吃光了啊！」方丈還是說：「別慌，草籽這麼多，小鳥哪裡吃得完？隨意！」

夜裡下起滂沱大雨，小沙彌懊惱地跑去找方丈抱怨：「師父，雨會把草籽都沖走的，怎麼辦才好呀？」方丈不疾不徐地回答：「別氣，草籽被沖到哪裡，它就在哪裡發芽。隨緣！」

春天到了，小沙彌發現草地上竟冒出了許多青翠的草苗，連沒撒到種的角落裡也長出許多綠綠的嫩芽。小沙彌開心地喊：「師父，師父，我種的小草都發芽啦！」方丈點了點頭說：「隨喜！」

不為外物紛擾所動，心安適了，當下就會感到自在了。萬事萬物均是如此，雖然結局可能不令人滿意，但努力過便已是最大的收穫，又何須執著於實質的好處或回報？該來的，自然會來；該走的，強留也留不住。

當年荷蘭人填海造陸，矢志成為征服自然的世界第一，其自傲的高超治水工程堪稱人定勝天的最佳寫照；時至今日，他們卻思索著該如何順應水患、還地於河，成了與水共生、氣候不侵的全球第一國。這個滿佈堤防與宏偉水壩的低地國，終於發現無論築起再高的牆，也抵擋不住日益劇烈的氣候變遷與海水倒灌，因此學會了順應自然，接納環境改變與災難侵襲，依著潮汐漲落調整生活步調。他們放棄了自工業革命以來認定人類可以駕馭自然的思考，回歸依水而生的本能，與大自然為友。

因為有了科技，人類忘卻了日出而作、日落而息的生活，鄙棄了隨喜自在，驕傲地以為自己可以掌控與改變一切。但是太多事令人無奈、痛惜，卻又無能為力。既然如此，何不接納它、順應它，以歡喜心看待那些總會到來的時刻，微笑著迎接不可抗拒的改變？如果不能拒絕，就笑著接受。我們無法抵擋生命的無常，卻永遠能把持自己的心。

十月

過濾心靈雜音，寧靜方能致遠

擁有熱鬧節慶的十月，本月的目標是習得「**寧靜**」，

過濾心中雜亂的念頭，即便在喧囂中也能享有清淨的時光。

人心是一窪活水，時刻都有新的思緒在其中流轉，

這些想法不論有無用處，都經常吵得人不得安寧。

因此我們的工作，就是為心羅織一張濾網，

從心泉汲取那些值得收藏的甘露，滋潤時而乾涸的人生；

而剩下的雜念則讓它隨著時間流逝，安然地離去。

世間本無事，庸人自擾之

禪師怎麼悟？

某次禪宗二祖慧可向達摩祖師請求道：「弟子於心不安，懇請師父為我安心。」

達摩祖師便說：「把心拿來，我就幫你安。」

慧可為難地說：「弟子無法找到自己的心。」

祖師於是笑道：「瞧，我這不就替你安好心了？」

數十年後，僧璨去探問二祖慧可，向他請求道：「弟子罪孽深重，懇請師父為弟子化解罪過。」

妙言禪

現實並不糟糕，糟的是你擅自衍生的想法。

二祖慧可便說：「把罪過拿來，我就替你化解。」

僧璨只好回答：「弟子找不到自己的罪過。」

二祖笑答：「你看看，我這不是已經替你化解了？」

又過了許多年，道信小和尚跑去找三祖僧燦問道：「師父，如何才能解開我的束縛呢？」

三祖僧璨於是反問他：「是誰束縛了你？」

道信想也不想就脫口而出：「沒有人束縛我呀！」

三祖微微一笑，便道：「那你又何必再求解脫呢？」

碰上麻煩或困擾的人，總會忍不住將煩惱放在心裡反覆思量，而人們又習慣把事情往糟糕的方向推演，導致最後不僅自己難過，還把事情越弄越複雜。人生就像個小舞台，如果你愛在心裡寫下自導自演的爛戲碼，很容易便會弄假成真。儘管為最糟的情況作準備，就能避免讓自己期待落空，但若從吸引力法則的角度來看，此舉就形同在吸引壞事，那麼發生最糟情況的可能性自然會大幅提高了。

雖然你選擇未雨稠繆的想法只是為了防止壞事發生，可是事實上，哪有什麼好想的呢？遇到問題，當下努力解決就是了。還不知道會發生什麼狀況，就自己埋頭胡思亂想，想出來的結果不僅派不上用場，還可能製造不必要的麻煩，正應驗了一句俗話「沒事找事做」，反而更令人困擾。

期望容易帶來失望，但這並不是要我們凡事都只預期最差的結局。既然最好和最差的情況都可能發生，不如把胡思亂想的心神拿來投入於最有可能開花結果的好事。這麼一來，縱使結果仍有落差，也不會差得太遠，況且在此之前，你已擁有了一段充滿好心情的時光，這就是最值得慶賀的事了。

多說無益，身體力行才是最好的證明

禪師怎麼悟？

某天蘇東坡禪坐時，突然心境一片澄明，心有所感下便寫了首詩：「稽首天中天，毫光照大千；八風吹不動，端坐紫金蓮。」其大意是指：我禮敬偉大的佛陀，因此蒙受佛光普照，外在的一切已不能動搖我的心，就好比佛陀端坐於蓮花座上一樣。

寫完之後，他就託人送去給知交，同時也是當時金山寺的住持佛印禪師。禪師讀了他寫的詩後，提筆寫了幾個字，又遣來使將詩句送了回去。蘇東坡收到後打開一看，見上面只有兩字「放屁」，

妙言禪

成就可以被分享，但不能拿來炫耀，那只會激起他人想打垮你的意志。

登時怒不可遏，立刻搭船過江，直奔金山寺去找佛印禪師理論。

然而蘇東坡到了金山寺，卻見寺門緊閉，門上只貼了一張紙寫著：「八風吹不動，一屁打過江。」

自身能力好不好，自己心裡最清楚，又何必非得宣傳得人盡皆知？畢竟口說無憑，只要有真正的實力，成果眾人自然會看見。若是老用吹捧來彰顯自己，牛皮吹大了總會有撐破的一天，最後只會適得其反。

俗話說得好：「半瓶水，響叮噹。」懂得一點皮毛的人講話總是特別大聲，因為他們知道自己會什麼，卻不知道自己還有許多無知之處。眼裡只看得見學到的那點皮毛，便以為自己高人一等，當然很容易犯下沾沾自喜的毛病。

而有些人則是明白自己腹內墨水沒多少，卻又怕被人看不起，只好打腫臉充胖子，用聲音大來掩飾自己的心虛。這樣的人一旦謊言被他人揭穿，惱羞成怒的比例也特別高。無論是哪一種，如果一直沒有自覺，不懂得適可而止，最後都會淪為他人笑柄，反倒更令人無地自容。

其實，當自己學有所得，會想與他人分享也是很正常的。然而分享之時，也應該時時謹記學海無涯，自己所知的永遠不會超過未知。只要帶著這樣的認知，在開心地與人交換心得時，也能夠虛心接受他人指導，如此的分享過程才會成為能讓自己更加精進的途徑。

犧牲現在換取未來，是最笨的方法

禪師怎麼悟？

有位婦人想再多生一個兒子，卻一直為找不到靈驗的求子偏方而苦惱。她於是向鎮上的婦人們求助：「有沒有人能提供我再生兒子的好辦法？」

這時一個老婦人對她說：「我有辦法讓妳再生兒子，但在此之前妳必須先行過祭天之禮。」

婦人一聽大喜過望，連忙又問：「行祭天之禮是一定沒問題的，但我該用什麼東西來作為祭品呢？」

妙言禪

及時行樂，努力的同時也要享受現在。

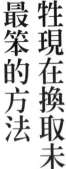

老婦人回答：「殺死妳的兒子，並以他的血作為祭品，肯定能讓妳再生個兒子。」

婦女信以為真，當下就要回去準備殺子祭天。一位在鎮上頗富名望的禪師經過聽見了，趕忙過去阻止她並說：「您這是在幹什麼呢？即使求子心切，為了一個未出世甚至無法確定會出世的兒子，就想去殺死現在還健康活著的兒子，豈不是太過愚痴了？若求子不成還折損了兒子，那是再怎麼懊悔也無法挽回的呀！」

鎮日埋首工作的丈夫對自己疏於陪伴的妻子說：「現在忍耐一點，以後就能過幸福的日子了。」等到他終於有空陪妻子，妻子卻已不在了。

為了賺錢忙得沒時間休息的人對自己說：「現在辛苦一點，以後就能好好享受了。」等到他終於能休息的時候，卻已是積勞成疾、重病纏身。

這些景象你是否也似曾相識？明明早已擁有幸福，卻總為了未知的未來耗損現下的幸福，乍看之下很有道理，但事實上根本荒謬無比，毫無邏輯可言。而這種緣木求魚的作為到了最後，每每總令人追悔莫及。

人們總是毫無根據的希冀未來的成果，年紀越輕，就越理所當然地認定理想的未來生活。但人生沒有什麼事是理所當然的，未來之所以是未來，就是因為它充滿變數，擁有無限的可能性，沒有人能夠精準地預測將來會如何改變。你以為犧牲現在是在投資，但未來卻是比股市更難掌控的東西，風險很高，可是獲利卻不一定成正比，更不值得你賭上現在的快樂去苦苦追尋。人生要努力奮鬥，但除了努力之外，仍有其他非常美好的事物等著你去探索。有些事錯過了就無法重來，有些人錯過了就再無緣份，當你在人生之路上奮力前進時，也別忘記要留點時間，用眼角餘光欣賞路旁一閃而過的美麗風景。

答案既然是否定的，就不必再予理會了

禪師怎麼悟?

大溈山要新建寺廟，百丈禪師便請來訪的司馬禪師從僧眾裡選出一人去當住持。寺裡僧眾何其多，然而司馬禪師誰不去挑，偏偏挑中了負責伙房打雜、寺裡位階最低的雜務僧靈佑。

當時僧眾的首座是華林和尚，他接到這個消息後相當不服氣，便跑去找百丈禪師問道：「師父，我可是這裡的首座，為何您卻挑了那個雜務僧去當住持？」

百丈禪師於是說：「好吧！既然你如此不服，我就提個問題來

妙言禪

花心思在明知不可為的方向，那麼到達目的地前你的精力就會先耗盡了。

考考你們。你們兩人中誰能答出來，就由誰去大溈山當住持。」

禪師差人喚來了靈佑和尚，便指著一個淨瓶問道：「這不能叫做淨瓶，那它叫什麼？」

華林搶先答道：「既不能稱淨瓶，那也不能稱作木楂！」

百丈禪師轉頭又問了靈佑和尚，然而靈佑什麼都沒說，上前一腳踢翻淨瓶後就走了出去。既然此物非淨瓶，那就是多餘的，自然也不必加以理會了。

百丈禪師見此情景，笑道：「華林這回輸掉了一座山。」

因為不甘心，人們在面對否定的結果時，仍會想從中找出一絲肯定的可能性。明明心裡清楚不可能翻盤，卻還是想著：「說不定有什麼地方搞錯了，無論如何再努力一下吧！」於是任由自己僵持在錯誤的地方虛耗時間，卻忽略那些被浪費的光陰其實就足以讓自己找到重新開始的契機。

既然做錯了，那從頭來過就好。執著於為何不被認同的理由，就像在烘焙蛋糕時加錯了材料而做不出成品，卻一再質疑為什麼加這種材料會出錯。想找到出錯的原因沒有不好，但錯了就是錯了，當前的事實已經告訴你用錯方法就是無法得到想要的結果。比起不斷在原地踏步，你更應該將重點放在怎麼做才會是對的，用什麼方式才能獲得被認可的成果，以正向的思考取代負面的受挫情緒，用更積極的作為推動自己朝目標前進。

據說人在誕生時，就已經註定了一生壽命的長度，只是這個數字自己不會知道。它可能是七八十年，也可能只有三十年，而在這短短幾十年中還必須扣掉那些被大量日常瑣事偷走的時間，因此你根本沒有拘泥在錯誤上的餘裕。請將不甘心的聲音逐出心扉，把心力留下來克服面前的困難，你才能保有足夠的能量享受最終豐收的歡愉。

想消滅罪惡感，得先好好面對自己

禪師怎麼悟？

某人的太太罹患絕症，即將過世前對他說：「我死後你若是移情別戀，我即使化成厲鬼也會來找你算帳！」某人一口答應了。

然而太太往生不久，他就愛上別的女人，甚至與對方論及婚嫁。但自從訂婚後，某人就開始夜夜夢見亡妻厲鬼的化身，將他和未婚妻交往的細節一項項拿出來大加指責，吵得他不得安寧。某人無技可施，只好跑去拜訪當地相當有名望的禪師，請禪師指點他如何安撫亡妻。

妙言禪

你並沒有做錯什麼，錯只錯在你不肯接受必須妥協的自己。

禪師聽完事情經過，便道：「你太太死後化成了精，自然對你無所不知。下次她若再來，不妨和她做個約定——你隨手抓一把黃豆，問她：『這手中的黃豆共有幾粒？』若她答對了，你就依從她所有的要求；若是答不出來，那她自然也不會再來搗亂了。」

當天夜裡，亡妻果真又來了，某人便遵照禪師所言，和她訂下約定。熟料這回，一向無所不知的亡妻竟答不出黃豆的數量，不久便逕自消失了，從此以後再也沒出現過。

每個人心中都會有個理想的自我形象，這個自我形象一旦和自己的真實形象出現落差，就容易產生罪惡感。產生落差的原因有很多種，比方說受制於外在環境不得不做出妥協與改變，或者正處於低潮中以至於無法表現完美。然而即使從客觀理性的角度來看，自己這麼做並沒有錯，心裡卻會因為「我竟然做出這種事」、「我不應該這麼做」這樣的想法而感到愧咎，進而演變成難以抹滅的罪惡感。

例如，某個女孩和前男友分手不久，卻因為機緣巧合在極短的時間內陷入下一段戀情。這時在前一段關係中尚未完全排解的情緒，就可能在女孩心裡產生「我不是應該還在悲傷嗎？」、「我對不起前男友！」的罪惡感。可是，這只是因為我們不願面對心中的真相。原以為自己應該是忠誠而專情的，沒想到竟然如此輕易地移情別戀，這份對自己失望的情緒令人難以忍受，所以才會用罪惡感來抗拒接納事實。

但其實你不需要這樣。世間萬物本就無常，而人心是萬物的一部分，隨著環境改變更是自然的過程，所以你大可不必為此感到失望。客觀的現實無關乎對錯，我們必須努力的，只是接納自己的改變，對自己坦承。過往的真相無法改變，但鼓起勇氣面對，卻是釋放自我真心的契機。

心存疑惑，就從日常生活找答案

禪師怎麼悟？

宋代知名詩人黃庭堅曾在晦堂禪師門下參學，但一直沒什麼進展。他向晦堂禪師詢問開悟的方法，但禪師卻反問他：「孔夫子曾有言：『二三子以我為隱乎？吾無隱乎爾。』這句話，你如何解釋？」

黃庭堅正要回答，禪師卻搖著手說：「錯了！錯了！」因此他反而更加疑惑。

其後某天，黃庭堅陪同晦堂禪師在桂花林裡散步，禪師便問

妙言禪

人生最好的導師是生活，所有的問題都可以在這裡得到解答。

他：「聞得到桂花香嗎？」

黃庭堅說：「自然是聞到了。」

晦堂禪師便說：「看吧！我並沒瞞著你什麼啊！」

黃庭堅當下大悟。

生活中隨處都看得見智慧，它們既簡單又深刻，並且總能在適當時機敲醒我們的靈魂。一如看到流水，會驚覺時光飛逝；見到落花，便能體會世事無常。只是人們太習慣複雜，用複雜的眼光看世界，用複雜的方法處理問題，因此總是在繞了一大圈之後，才發現自己又回到原點。

智通禪師是唐朝時的一代名僧，然而使他開悟的道理卻是：「尼姑原來是女人作的。」一般人聽了，肯定會感到不以為然：尼姑本來就是女人，這是大家都知道的常識，哪可能從中悟出什麼大道理？但它所要傳達的訊息，其實就是這麼簡單而已。好比肚子餓了要吃東西，感覺累了就要休息，這就是生存的意義，也是最簡單的人生哲理。

我們之所以會感到困惑，是因為在社會這個大染缸中被浸潤得太久，總認為事情不可能這麼簡單，一定要經過抽絲剝繭的過程才有可能看見真相。這種想法的確能幫我們避開危險、保全自己，卻也讓我們被複雜化的思考蒙蔽了真心。於是明明答案就在眼前，我們卻認為它不是答案因此視而不見。所以，下一次再感到徬徨時，別急著找出答案，先試著放鬆心情去體會生活，說不定答案就藏在你身邊伸手可及之處。

十一月

以智慧頓悟，轉念解開心靈束縛

入冬的十一月，這個月的課題是「**智慧**」，

從生活智慧中體悟人生，念轉了，心就自由了。

生活周遭隨處可見自然的道理，

它們簡單明瞭，俯拾即是，卻因此容易被人們忽略。

然而一旦察覺了，卻總能給予我們無限的驚喜。

雨天聽雨，晴天就享受陽光，

無論今天的生活是快樂或悲傷，都盡情地去體會，

那麼某一天你便會發現，

原來，生命竟是如此簡單怡人。

人生是自己的，努力當然也要靠自己

禪師怎麼悟？

路人甲在一處屋簷下躲雨時，看見有道禪師撐傘經過，便對禪師喊：「大師，佛法為的是普渡眾生，那您可否度我一程？」

趕路中的有道禪師回道：「我在雨中行走，而你好端端地避在屋簷下。我這裡有雨，而屋簷下卻無雨，你又哪裡需要我度你？」

甲聽了，立刻跑進雨裡並對禪師說：「現在我這裡也有雨了，如此您就能度我了吧？」

禪師回答：「不行。我沒淋雨是因為我有帶傘，你淋雨則是因

妙言禪

老是把問題推給別人，只會讓自己失去解決問題的能力。

為你沒有傘。真要說起來，其實是傘在度我，所以我沒辦法度你。如果要人度你，你要找的並不是我，而是傘。」

甲這時已渾身濕透了，他不屑地回道：「若不能度我，為何不直接明說？看來您的佛法無法普渡眾生，只能度自己啊！」

禪師聽完並沒有生氣，只是對甲說：「如果雨天不想淋雨，就得自己帶傘。要是以為即使沒有傘，也肯定會有人幫忙，就只能等著淋濕。自己不努力，只想著依賴別人、佔他人便宜，就算一時有了點成績，到頭來也只會落得一場空。想成功，你只能靠自己。」

如果依賴別人只是為了貪圖方便，就不要責怪他人不肯幫忙；而有些事即使別人願意幫，也總會有使不上力的時候。平時不儲備實力，到需要時自然叫天天不應，叫地地不靈，若事已至此仍不知反省，還要抱怨自己時運不濟，那就真的是錯怪命運了。

這令我想起大學時代的一位室友，由於家境因素，平時總是忙著打工，所以能翹的課她就絕不會出現。對一般大學生來說，學分是得過且過，因此這在平時自然不構成什麼大問題。不巧的是，那個學期本來有堂從不點名的必修課程，講課教授卻在學期末前的某天，突然來場令人措手不及的隨堂考試，甚至以此決定修課學生整學期的出席率。所以，我這位室友就在接到通知卻已經來不及的情況下被慘烈地犧牲了，最後還導致她必須多讀一個學期才得以畢業。

生命中有很多事，尤其是自己本分內的事例如健康、學習、成就……等等，都無法假手他人，只能憑藉自己努力才能得到符合心意的結果。投機取巧、敷衍帶過或許能夠應付他人，但事實到底如何，自己心裡是最清楚的，無論怎麼逃避或推托，自己的問題終歸只能靠自己。比起得過且過地閃躲，不如穩紮穩打地儲備實力，才能挺胸迎戰充滿變數的每一天。

保持耐心，才能贏得最豐盛的收穫

禪師怎麼悟？

佛陀某次帶著弟子外出弘法，因為天氣炎熱，才走到半途就已滿頭大汗、口渴不已，於是佛陀便對弟子說：「你到剛才經過的那條小溪取些水回來吧！」

弟子到了溪邊，正好看見一個商隊騎馬涉過小溪，溪水因此被攪得混濁不堪，無法飲用。弟子便折回去告訴佛陀：「剛才的溪水被攪動的泥沙弄濁了，不能喝。前面還有條小河，河水非常清澈，離這裡也只有兩個時辰的路，不如我們去那裡吧？」

妙言禪

生命中大多數的時刻很枯燥難耐，但正是因此才顯得收穫的滋味甘美無比。

佛陀卻搖搖頭道：「現在這條小溪就在不遠處，為什麼我們還要跋涉兩個時辰去前面取水？你回剛才的小溪等看看吧！」

弟子不服，便反問：「那溪水剛才已被路過的商隊弄髒了，再去豈不是又白跑一趟？」

佛陀只是道：「你去溪邊等一會，就能明白我的意思了。」

弟子只好又回到剛才那條小溪，卻發現溪水恢復了清澈的樣貌，剛才那些被濺起的泥沙都已經消逝無蹤了。

古人打仗時，講究天時、地利、人和，其中又以天時排第一位，亦即掌握準確的時機，就獲得了這次征戰絕大部分的勝利要素。然而尋找適當的時機除了依靠過往的洞見，還必須仰賴持久的耐心，按兵不動地冷靜觀察，才能出奇制勝。

如今的我們或許不曾親身經歷戰爭，但生命本身就是一個不斷奮鬥的過程，我們隨時都必須面臨各種形式的挑戰。然而人生總是有起有落，如同在一場比賽中有贏家，也肯定會有輸的那一方，縱使已經準備萬全，但再厲害的選手仍免不了會有落魄的時候。無論落敗的理由是因為突發意外、時機不好、裁判不公，甚至對手就是比你強，都無法扭轉輸掉比賽的事實。你或許會說，這不公平，我明明付出這麼多，為什麼命運之神就是不肯眷顧我？但你不曉得的是，現在站在頒獎台上那個意氣風發的勝利者，他為了這一刻，又耐心守候了多久？

勝利是需要用耐心扶持的，如果你在只差臨門一腳的時刻放棄，無疑是否定了自己先前累積的努力，畢竟這個世界並不是你付出了，就一定能夠被他人看見。能收穫成功的人，背後必定有一段和你同樣苦悶的日子，而這正是轉機出現前最關鍵的時刻。許多人過不了這一關因此遭到淘汰，但只要你撐過了，成功也就不遠了。

不放棄自己，就永遠都有重新開始的機會

禪師怎麼悟？

石屋禪師在旅途中認識了一位青年，兩人談得頗為投契。入夜後，青年邀請禪師到他家住一晚，石屋禪師便欣然道謝同意。

午夜，禪師聽見有人鬼鬼祟祟地進到他下榻的客房，便出其不意地大吼道：「是誰？」

那個人立刻嚇得跌在地上。石屋禪師扯下他遮臉的黑布，發現竟是那位讓他留宿的青年。禪師當下恍然大悟，說道：「原來你好心留我過夜，圖的是這個！你可真傻，我一個窮和尚身上能有幾兩

妙言禪

困境會激發出潛能，多信任自己一點，結果肯定會超乎預期。

銀子？你要做，不如去做大生意！」

青年眼睛都亮了，急道：「原來您是同行啊！那您能否教教我，如何才能做大生意？」

禪師看著他，歎道：「唉！有樣東西只要擁有便能終身享用不盡，然而你不去想辦法找到它，卻來幹這種小裡小氣的勾當。」

青年連忙問道：「是什麼東西？」

禪師突然揪住青年的衣領喝道：「就是你自己！你是自己最無價的寶藏，卻從來沒有自覺，真是枉費父母生下了你啊！」

人的潛能是無限的，即便我們覺得一無所有的時候，也總能從自身挖掘出意想不到的潛力，關鍵只在於你是否有心。

有位令人欽佩的朋友，他前半段的人生幾乎就像是所有連續劇主角的翻版，其中歷經無數次的大起大落，而他總是能在谷底找到扭轉劣勢的機會。某次我遇見他太太，便感慨良多地說：「陪著他一路走來，妳也辛苦了！」然而他太太卻笑著回應我：「他跌倒過幾次，就表示他重新站起了幾次；而我們也始終相信，關鍵的轉機永遠都在自己身上。」此時的她，雙眼閃耀著對丈夫無比自豪的光芒。

只要不放棄自己，就不愁沒有從頭來過的機會。縱使失去了一切，也絕對不可以忘記「自己」就已是此生最棒的禮物。有人說：「從不跌倒不算光彩，每次跌倒後還能再站起來，才是最值得驕傲的榮耀。」學柔道的人所上的第一堂課，就是練習被摔，藉由摔倒鍛鍊身體抵抗外力的能力。當你不再懼怕疼痛時，就擁有了迎戰對手的強大勇氣。不需要擔憂自己是否能抵抗挫折，只要鼓起勇氣迎向困境，你就一定會找到突破的關鍵。

禪師怎麼悟？

避免片面解讀，盡信書則不如無書

妙言禪

應該被認真對待的，是藏在話語背後的心意，而非停留於文字表面的訊息。

禪宗六祖慧能禪師某次在一戶人家中借宿，午間突然聽到主人在誦念經文。他細聽之後感到有些不對勁，便走到廳堂詢問主人：「您似乎經常誦念經文，但您是否了解箇中含意呢？」主人搖了搖頭說：「經文內容過於深奧，有些部分我實在難以理解。」

慧能禪師便將主人剛才誦念的地方逐一詳細解釋。主人一時間茅塞頓開，趕緊指出經文中其他晦澀難懂之處向禪師求教。然而慧能禪師卻搖了搖頭，笑著說：「我大字不識一個，不如你直接讀給我聽，問我意思吧！」主人聽聞此語，驚訝地說不出話來，好一會兒才開口問：「您不識字，為何能理解經文的真義？」

慧能禪師笑答：「佛經中的奧妙哲理，與文字本身沒有關係。文字只是記錄思想的形式，是輔助我們學習的工具。想要理解內涵，需要我們用心去體會。這就像騎馬時，我們未必需要繮繩一樣。繮繩是給初學騎馬的新手所使用的輔助工具，一旦入了門，便可擺脫繮繩，自由馳騁在自己想去的地方。」

文字語言是人們為了表情達意、方便溝通與累積知識而創造的。由於各地的情況、環境或條件都不盡相同，因此發展出各種不同的語言文化。許多擅長兩種以上語文的人都知道，不同的語言在轉換時總是容易出現落差，經常會有無法完全解釋的情形，這便是語文的侷限性。

文字能傳達的內容有限，也無可避免地會帶有主觀與片面的含意，然而思想卻是無邊無際的。所以禪宗在修行時，明確的倡議「不立文字」、「直指人心」，就是希望學習之人不要執著於文字片面的含意，拋棄侷限自身思考的觀念，用真心來理解生活的真義。

這個道理，在日常生活中也是如此。人們說出口的話，有時無法全然表達自己的所思所想，甚至可能根本不是真心話。如果總是計較隻字片語，便容易產生矛盾誤解，最後演變成激烈的摩擦與衝突。我們在接收資訊時，不能只是單純的聽取語言表面的訊息，用心去體會他人話語背後的理由，放下自我的主觀認定，才能真正貼近對方的心情。

你最需要學習的，其實是自己想教別人的事

禪師怎麼悟？

妙言禪

傲慢會暴露人的無知，但最可悲的，是當事者並不明白自己有多無知。

道信禪師正與法融和尚談話，旁邊卻突然竄出一隻老虎。這隻老虎為法融和尚所飼養，所以他並不害怕。一旁的道信禪師雖也不怕，卻故意裝作緊張恐懼的樣子。

法融和尚看了，不以為然地說：「你還有『這個』在啊？」

法融看到道信禪師居然對老虎存有恐懼之心，當下認為道信修為不足，於是丟下他獨自回禪堂去了。

這時，道信禪師趁機在法融剛才坐著的地方寫了個「佛」字，便坐著等待法融出來。不久後法融從禪堂出來，看見道信禪師還在，覺得自己這般冷落對他有些失禮，便又走過去同道信說話。但法融剛要坐下，赫然發現他要坐的地方竟有個「佛」字，他立刻跳了起來，質問道信禪師：「你這老和尚，居然在我坐的地方寫個「佛」字！要是我無意間坐下去，豈不是褻瀆了佛祖？」

道信禪師大笑道：「你還有『這個』在啊？見虎不懼，卻被一個字嚇成這樣，你的『這個』分明還在心裡嘛！自心即是佛，行住坐臥皆有佛法存在，要是處處受『佛』的束縛，又豈能成佛？」

當我們自認對一件事了解甚深時，反而是最需要自我警惕的時候，因為這正是最容易暴露自己無知的時刻。知識與學問不會有窮盡的一天，而學習更是一段無止盡的追求之旅，自以為懂的越多的人，也容易被既有見識掩蓋心智而更盲目無知。

一位我相當尊敬的老師曾說：「成為博士並不代表你很博學，因為你要學的東西只會更多。當你在知識這塊土地上不斷向下挖掘，自然就沒有餘力顧及其他的領域，而你了解的也就只有自己挖出來的那部分罷了。」一山還有一山高，這個世界上永遠都有比自己能力更強、懂得更多的人，只是我們還沒遇到而已。如果總是對所學感到自滿，因而看不起別人的笨拙，甚至用傲慢的態度指責對方，那麼你就要小心了，出乎意料的打擊不久之後將會接踵而至。站得越高的人越危險，因為傲慢會讓他輕忽潛伏四周的危機；而當一個人到達頂峰時，往往就是他開始走下坡的時候。

有自信是很好的，但是自信和自滿是兩回事。自滿的人下巴總是抬得比別人高，認為自己所學超越他人而無比驕傲，然而自信的人卻是對於過去的努力充滿信心，更明瞭自己永遠都有進步的空間。有自信而不自滿，那麼你將獲得的不只是貴人，還有比別人更多的學習與成長。

禪師怎麼悟？

身處天堂或地獄，關乎自己的心

有個武士前往拜訪白隱禪師，向禪師請教道：「這世界上，真的存在著天堂與地獄嗎？可否請大師指點一二？」

白隱禪師反問他：「你的職業是？」

武士答道：「我是一名武士。」

禪師一聽，便回道：「就你這副德性也配當武士？去當個乞丐還好一點！」

武士聞言大怒，立刻抽出腰間的刀直抵禪師的脖子。這時，只

妙言禪

用旁觀者的角度管理情緒，就能一舉扭轉心境的劣勢。

見白隱禪師神態從容地說：「這就是地獄了。」

武士聞言連忙收起刀，跪在地上向禪師磕頭謝罪。見他此舉，白隱禪師便微笑著說：「這就是天堂了。」

英國知名哲學家赫柏特·史賓塞有句名言：「觀點最終是由情緒，而非理智來決定的。」情緒左右了人們看待事情的角度，也直接影響了自身當下的處境，因此掌控好情緒就能改善困境，這種說法其實並不為過。

情緒源自於人心，無論痛苦、快樂、悲傷、欣慰等等，事實上都是人們的主觀感受，不代表客觀的現實，因此不同的人面對相同的情況，很可能會出現截然不同的感受，而導致後續相異的反應與行動。這就表示，若是我們希望自己在應對各種情況時都能有好表現，從管理情緒下手就是個絕佳的切入點。比方說，當在重要工作中遭遇突發狀況，而你希望自己能迅速地找到解決方案，就必須先安撫好自己的焦慮情緒，才能順利地提升應變效率。但管理情緒並非要我們壓制自己的感受，而是應該正視它，並認真地處理它。

此外，在掌控自身情緒的過程中，最重要的第一步是察覺情緒，也就是在情況產生改變時，去辨識自己現在到底是處在何種情緒中。接下來，就要找出情緒的來源，發現造成情緒的根本問題。最後則是根據這個問題尋求解決辦法，透過實際的行動來降低情緒起伏的程度。簡而言之，上述步驟其實就是讓我們能以旁觀者的角度來看待情緒。只要能練習令自己從情緒本身抽離出來，妥善處理情緒其實是人人都能做到的事。

十二月

專注生活，世界再亂也不生雜念

年終的時刻來臨，十二月的目標是「**專注**」，

將重心聚焦在當前的生活中，過好現在。

似乎是民族性使然，人們總習慣為來年留點什麼，

擔憂若沒有預作準備，以後遇上問題就無法應對。

但是，誰又真能保證一定有明天？

很多無法放在時間表內的事，會在該來的時候來，

就算再怎麼煩惱也不可能阻止。

不如把目光放在眼前的事物上，累積當下的點滴心得，

用開闊的心境擁抱無限寬廣的人生。

停止預支屬於明天的煩惱

禪師怎麼悟？

新來的小沙彌在寺廟裡負責清掃庭院落葉，他每天都要大清早就起床，才趕得及在早課前清理完一地的殘枝敗葉。每當起風時，枯葉就翩翩落下，他一邊掃，葉子也跟著一邊掉，怎麼清也清不完。這讓小沙彌苦惱極了，總是想辦法希望能讓自己輕鬆一些。

師兄因此幫他出了主意：「明天你在打掃之前，先用力搖晃樹幹，把樹上的落葉都先搖下來，如此你後天就不必清理了。」

小沙彌聽完，眼睛都亮了：「對呀！一次掃完兩天份的落葉，

妙言禪

明天的事就留著明天再來做，現在專心欣賞眼前的風景吧！

隔天我就能省事多啦！」於是隔天他特地起了個大早，到庭院使勁地猛搖樹幹，接著一鼓作氣地把落葉掃了個精光！

然而，隔天小沙彌滿心歡喜地來到庭院察看，卻當場愣住了。落葉仍舊堆了滿地，完全沒有減少的跡象。

方丈恰巧瞧見了，便走過來對小沙彌說：「傻孩子，無論你今天如何使力搖晃樹幹，屬於明天的落葉仍會飄下來。即使今日如何煩惱，也無法解決明日的困擾，你又何苦主動延長自己憂慮的時間呢？」

無論面對的人事與境況如何，一勞永逸的想法都是異想天開。一鼓作氣來個大掃除，沒有維持的話，房間還是會變髒；卯起勁完成所有的工作，就以為可以偷懶，不久後工作又會堆積如山；好不容易瘦下來，便開始不忌口也不運動，過不了多久就會胖得比之前更誇張。今日有今日的任務，明天也有明天該做的工作，生活一直在延續，不會因為現在努力了，之後就可以一輩子享受。我們該做的，不是去考慮可以為將來多做些什麼，而是努力扮演好當下的自己，盡己所能地將現在的角色詮釋得當。就算我們已盡了全力，該來的還是會來，既然如此，又何須讓尚未發生的事情提早擾亂自己的心神？

活在現在，就把心安在當下，把未來的麻煩留待未來再煩惱。細細品味身處的每一分每一秒，去體驗當前的所見所聞，將你的精力全心投入於當下的片刻，你便不會再錯過眨眼即逝的美好。

就從現在開始，用心感受今天，讓自己沉浸於此時此刻，把得到的感動收藏在心中，因為現在的體會，都將成為幫助你面對明天的力量。未來是虛幻的，但現在，卻真實地掌握在你的手中。

成功永遠會為意志堅定的人留一條路

禪師怎麼悟？

慧遠禪師某次出遠門，途中遇見一位煙草商，彼此相談甚歡。

分別時，商人送給禪師一根煙管及一袋煙草，他試著抽了口菸，霎時就愛上那種飄飄欲仙的舒適感。

禪師想：吸菸如此愉快，肯定會對禪定與修行造成困擾，假以時日甚至可能養成惡習，於是偷偷地把菸丟掉了。

不久後冬天到了，慧遠禪師發現自己沒有足夠的禦寒衣物，便寫信託人向恩師求助，卻許久未收到回覆。當時他正沉迷《易經》

妙言禪

三心兩意是抵達目的地前的最大絆腳石，你得踢走它才能繼續前進。

卜卦之術，便透過卜卦得知信並未送達，事後也證實的確如此。

禪師心想：《易經》卜卦如此準確，若我繼續沉迷，便無法全心參禪，更不可能理解博大精深的佛法。此後他便不再碰易經了。

幾年後他又愛上書法，練習後甚至博得幾位書法名家的賞識。

他轉念一想：書法需刻苦練習，今日既練出心得，表示我又偏離了自己的目標。長此以往，最後我將成為書法家，而非禪師了。

往後，他便矢志一心參禪，放棄了與禪道無關的一切事物，數十年後終於成為受人景仰的一代禪宗大師。

找到自己的人生目標誠然可貴，但沒有堅持不懈的精神，目標也只會成為無法企及的夢想。魚與熊掌不可能兼得，當我們決定了一條前進的道路，就勢必得放棄其他選擇，因為時間與精力都是有限的，沒有人能做到盡善盡美。捨不得放下任何一樣，只會把自己累慘，終歸也會因無法專精而一事無成。況且事實上，我們不能也不需勉強自己一定得在每個領域都表現傑出。每個人都有不同的專長與喜好，把表現的機會分給別人，讓各人在他自己的領域發光發熱，這個世界才會因此更顯得多采多姿。

或許你現在正站在人生的叉路口，或許你有一籮筐的有趣計畫想要實現，但你必須明白同時做好每一件事是不可能的，因此必須有所抉擇。然而人生最有意義的部分也莫過於此——當你不得不做出決定，反而會從中找到自己最想做的事，並且更加確信自己的志向。

選擇與放棄的過程看似令人痛苦，卻是讓朦朧的目標日漸清晰的絕佳契機。理想將不再是妄想，而是慢慢成為能夠逐步實現的明確計畫，我們也會在這個蛻變的過程中，因此更了解自己。

練習一心一用，讓大腦也有休息的時間

妙言禪

專心做一件事，不僅可以減少耗費的力氣與時間，也能獲得較好的成效。

禪師怎麼悟？

有源居士前去拜訪慧海禪師，向禪師請教處事的哲學。

有源問：「請問大師是否有獨特的立身之道？」

慧海禪師回答：「我餓了就去吃飯，累了就去睡覺。」

有源聽了不解，便問道：「餓了就去吃飯，累了就去睡覺，普通人不也是這樣嗎？」

禪師說：「當然不一樣。普通人吃飯時，心裡總想著別的事情；睡覺時，也總是不停做夢。吃飯不好好吃，自然食不下嚥；累了不放鬆休息，自然睡不安穩。

而我吃飯時就是吃飯，睡覺時就是睡覺，當然與普通人有所不同了。」

現在的人都很忙碌，無論做什麼事，總喜歡一心多用，吃飯的時候想著工作，上班的時候想著下班，放假的時候要煩惱工作進度，工作的時候卻又想著下次假期該去哪裡玩，似乎沒有一件事可以令人專心，結果造成人們做每一件事都無法盡興。

尤其現在資訊傳遞越來越快速，人人手上都有一支三C產品，每分每秒關注著各式各樣大量的訊息，連在吃飯、走路、坐車這種不需要消耗腦力思考的時段，也要收發信件、回訊息、看臉書、玩遊戲，連一丁點放鬆休息的空檔都沒有，然後到了真正必須進行長時間、花費大量心力的任務時，精神早就疲累不堪，導致原先只需要兩個小時的工作卻用了雙倍、甚至三倍的時間來完成。注重效率的結果，反而使得自己更沒效率，身心能量的消耗增加了，成果的品質卻下降了。所以有人天天在加班，但加了班，工作似乎也並未因此比較有進展。

許多人喜歡花錢讓自己放鬆，然而事實上，吃飯時專心吃飯，走路時用心看路，睡覺時好好睡覺，就是最方便有效、最不花時間的放鬆之道了。

全心全意做一件事，尊重自己也尊重生命

妙言禪

以專注態度應對每一件大小事，就能妥善運用自己的每一分力量。

禪師怎麼悟？

某天奕尚禪師禪定結束後，恰巧聽到了寺裡的鐘聲，聲音洪亮悠揚，和以往完全不同。鐘響結束後，禪師立刻喚來侍者，問道：「剛才敲鐘的是哪一位呢？」

侍者答道：「是一位剛入門的小和尚。」禪師便差遣侍者去喚了小和尚來。

小和尚來到奕尚禪師跟前，禪師便問：「你剛才敲鐘時，心裡在想什麼呢？竟能敲出如此洪亮清澈的鐘聲，若非一心向佛之人，肯定是做不到的。」

小和尚回答：「我沒想什麼。只是在來這裡之前，師父就經常告誡我：『敲鐘時心裡就要想著鐘，以禮敬佛的心情來敬待鐘，敲鐘即是敬佛。』」

奕尚禪師聽完，笑著稱許道：「這麼做就對了。往後無論做什麼事，都要保持這樣的心境，那麼你一定會大有作為的。」

這位小和尚就是後來在當代遠近馳名的森田悟由禪師。

佛陀在《遺教經》上曾說：「置心一處，無事不辦。」沒有了雜念干擾，就沒有辦不好的事，也就因此能得到與其他人不同的經驗和體悟，得以不間斷的超越自我。這不僅是在善待自己、對自己負責任，更是一種尊重生命、重視萬物的態度。

據說身為萬獸之王的獅子在狩獵時，無論牠的獵物是一隻野兔或一頭大象，都是用盡全身的力量去追捕，這便是禪師們所說的「不欺之力」，無論做任何事都平等待之，毫無保留地全力以赴，讓自己所使出的每一分力氣都真正被物盡其用。若是連小事都願意專注以待，那麼再天大的事擺在你面前，看來也會如同小事一般，只要用一如以往的誠摯態度就能夠從容面對。

製作出世界第一部電話機的發明家亞歷山大·貝爾曾說：「太陽的光線不會自己燃燒，除非你把它們聚集在同一點上。」無論我們具備的能力有多麼傑出，在注意力分散的情況下也只能發揮出部分的實力；但培養專注的習慣，卻能在任何情況下都擁有超乎水準的表現。

做事實在，心才能感到踏實

禪師怎麼悟？

無果禪師在多年隱居修行中未有斬獲，因此決定四處尋師訪道以解惑。經常關照禪師的一對母女聽說此事，立刻送來一件厚外套及四錠銀子給禪師當旅費。無果禪師滿心感激地收下，便即刻整理行囊，預備隔天一大早就上路。

半夜他正閉目禪坐，卻忽然傳來一陣樂音，只見面前站著一隊童子與樂師。他們抬來了一朵蓮花座，並對無果禪師說：「禪師，這便是你的歸處，請上座吧！」

妙言禪

若總是想著抄捷徑，只會使自己離目標更遠。

無果禪師自覺並未悟道，現在卻有此等好運臨門，料想其中肯定有詐，遂決定不予理會。然而童子卻不斷說服他：「禪師，機會錯過便不再有了啊！」他拗不過童子，只好將自己平時不離身的拂塵插在蓮花座上，童子一行人便興高采烈地離去了。

隔天一早，禪師正要啓程，那對母女卻匆忙趕來說：「禪師，這是您隨身的拂塵嗎？不知為何竟從家中母馬的腹裡生了出來！」

無果禪師聽完嚇出了一身冷汗，心想：「若非我竭力把持，今日只怕已成一匹馬了。」他於是將銀子歸還母女，當下道謝離開。

俗話說：「天下沒有白吃的午餐。」從天而降的好事，通常都伴隨著極大的風險。看起來最便宜的東西，實際上卻可能是最貴的，因為它們通常品質低劣導致必須經常汰換；而看起來最短的捷徑，事實上也不一定能最快抵達，因為大多數人都會想走捷徑而導致塞車。

有個朋友某天趕路時在路邊攔了輛計程車，請司機走最短的路送他到公司，沒想到司機卻說：「你想走最短的路，還是最快的路？現在是交通尖峰時間，最短的路都在塞車呢！若是趕時間的話，繞道走反而比較快哦！」朋友將信將疑地接受了司機的建議，果真比預定時間還快抵達公司，途中還遠遠望見了那條據稱是捷徑，實際上卻塞得水洩不通的道路。朋友後來感觸良多地說：「走捷徑不一定會比較快，反而可能讓人冷不防跌跤。還不如依現實情勢踏實而行，才能穩健地到達目的地。」

成功沒有捷徑。想到達山頂，只有一步一腳印的努力，經過艱難的跋涉，才能欣賞到一望無際的美景；想要蓋棟摩天大樓，就需要向下挖掘越深的地基，建起的樓房方可抵禦強風豪雨甚至地震的侵襲。若總是怕吃苦受累，便永遠都只會有原地踏步的能耐。專注於落實當下的每個細節，建立起穩固的基礎，那麼往後每多走一步，心也會變得更踏實。

有決心，就不必害怕擋在面前的阻礙

禪師怎麼悟？

樂普山寺院內，一位禪僧認為自己已修得正果，於是去向師父元安禪師辭行，希望能獲得到四方雲遊的許可。元安禪師聽了禪僧的要求，便問他：「四面都是山，你往何處去？」意思是此去勢必困難重重，既然如此，你要怎麼面對？

禪僧答不出來，只好愁眉苦臉地轉身回去。他經過菜園時遇上正在除草的善靜和尚，善靜便關切地問：「師兄為何事發愁？」

禪僧於是將事情經過以及元安禪師的話和盤托出。善靜和尚

妙言禪

堅持到底不一定能成功，但若不堅持，就連成功的機會都沒有。

聽完，就笑著說：「師兄，你不妨回去對師父說：『竹密豈妨流水過，山高怎阻野雲飛。』」善靜以流水和白雲暗喻，即使前方險阻滿佈，自己仍會堅持求道的決心。

禪僧立刻回去將這兩句話告訴元安禪師。然而禪師聽完，不但沒有大加讚揚，反倒皺著眉問他：「這答案肯定不是你自己想出來的，是誰幫了你嗎？」禪僧見瞞不過，只好報上善靜和尚的名字。

元安禪師知道後，感慨地說：「善靜以後的造化肯定不同凡響。他修行至此，都沒想著要下山，你確定你還要走嗎？」

心念可以提昇一個人的境界，也可以成為前進的限制。生活原本就充滿了重重考驗，我們必須學著克服，學著不斷地超越，然而想做到什麼樣的地步，全然操之在己。這並不是說有意志就能所向無敵，而是當面臨抉擇時，「有多想要」是能否持續前行的關鍵。

相較於佛家認為今生的遭遇是過去幾世累積的業障，我更喜歡一位日本靈媒美鈴對於「宿命」的解釋。她認為宿命是每個靈魂在投生前，為自己訂下這一世所必須學習的功課。既然這份功課是自己訂定的，那也就表示，無論遇到什麼樣的難題，自己都一定能承受得起，所以完全不必擔心。雖然宿命是事先訂好的，無法更動，但完成課題的方式卻能由身為人的我們來選擇，這就是可以被我們自主操控的「命運」。

俗語說：「天下無難事，只怕有心人。」我們會從嘗試中學習，從失敗中記取教訓，一點一點累積自己的實力，就算當前發展不如預期，但是至少我們已離那個目標越來越近。專注於克服眼前的難題，即使最後的結果不盡如人意，也一定對得起自己的心。

★得分超過12分

只要敞開心扉，就會發現凡事總會有轉圜的餘地。無論如何，都請別忘記這份豁然開朗的心情，讓人生的每一天都能在微笑中度過。

★得分介於6～12分

有些事還放不下，是因爲時機未到，所以無需介懷於心。只要你從不放棄自己，一切雨過天晴的那天終將會翩然到來。

★得分低於6分

人生或許苦悶，但也充滿著令人欣喜的片刻。請鼓起勇氣，走出去吧！比起爲了逃避將自己束縛在陰影中，勇敢迎向陽光，反而能夠看見超越困境的契機。

◆回顧這一年來蒙受的禪風思維洗禮，下面有幾個問題想請你思考……

1.運用禪的觀點過生活，你認爲和從前最大的不同點是什麼？

____

2.這些改變對你具有怎樣的意義？

____

3.你會希望自己在哪些生活層面能表現得更貼近禪的精神？

____

這一年，
你是否已習得了豁達？

禪心加油站

◆以下請依照你對該項敘述的同意程度，填入0～2。
0表示不同意，1表示尚可接受，2表示同意。

_____ 凡事我都會盡己所能，但若做得不好，我也不會因此失望。
_____ 我能夠坦然接受不完美的自己。
_____ 在挫折裡，我獲得很多寶貴的人生經驗。
_____ 即使不得不妥協，我仍會肯定自己的努力。
_____ 只要能使成果更圓滿，我願意耐心等待。
_____ 我認爲全心投入是一種尊重自己的態度。

◆以下請依照你對該項敘述的「不」同意程度，填入0～2。
0表示同意，1表示尚可接受，2表示不同意。

_____ 眼見爲憑，我只相信自己看到的事實。
_____ 有時我會覺得他人對我有所保留。
_____ 傷心難過時，我會想辦法盡快讓情緒平復。
_____ 爲了以後能過更好的生活，我會把享樂的時間減到最低。
_____ 看到做事笨拙的人，我會忍不住感到厭煩。
_____ 無論要放棄什麼，對我而言都是個困難的決定。

◆請將你的得分加總，再參考後續的結果解析來評估你這半年的學習成效

後記

用心生活，就是禪的態度

經過這一年的練習，大家是否認為自己有些成長了呢？

對我而言，寫作這本書就像是對自己過往習禪歷程的回顧，不僅重新溫習了過往禪宗大師們的智慧結晶，再一次體會初識禪法時那份豁然開朗的清透心境，更從中獲得了新的感悟與省思。

如同許多現代禪師們不斷推廣的禪道：禪指的是人們的自心，而所謂禪法，其實就是生活的方法，是淨心與安心的要訣。它並不獨立於世俗之外，而是指導人們在紛亂的世間如何坦然自處，以智慧化解各式各樣的煩

惱，並且行有餘力時也能提攜他人。

即使完全不懂禪是什麼，只要認真度過當下的每一分鐘，盡力做好自己力所能及的事情，就已是一種活用禪法的生活方式，這也是我在書中一直想讓讀者領會的觀念。生活其實可以很簡單，只是在物質社會的渲染下，我們被一層又一層過度複雜的想法與價值觀所迷惑，才看不見生活原本的樣貌。

因此，被煩惱糾纏得不知如何是好時，就問問自己的真心吧！即使我們的想法常常受到旁人影響，但心永遠是誠實的，它會協助我們釐清思緒，傳達自己心中真正的想望，而禪法則能令我們回歸自心，學會傾聽心裡那微小的聲音。

日常瑣事總是繁雜得令人不勝其擾，但保持一顆清明的禪心，就能以更加通透的思考化解伴隨瑣事而來的煩躁之情。

禪，讓人在蒙受當頭棒喝時擁有恍然大悟的感動，但事後放在心中細細咀嚼，卻更有一番回甘的醍醐味，一如前人在生活中經歷衝擊才換得的智慧，儘管時空變換，仍然歷久彌新。希望大家在讀了本書之後，也能靈活應用書中的智慧，從生活中汲取如此令人回味無窮的生命體驗。

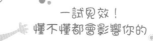

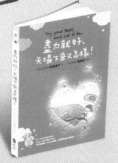

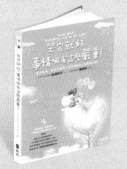

國家圖書館出版品預行編目資料

想通就好，人生其實沒那麼煩！：12種身心靈練習/ 余淑華 著. -- 初版. -- 新北市：啟思出版, 2015.04　面；　公分

ISBN 978-986-271-595-6（平裝）

1.人生哲學　　2.生活指導

191.9　　104004507

想通就好，人生其實沒那麼煩！

本書採減碳印製流程
並使用優質中性紙
（Acid & Alkali Free）
最符環保需求。

出 版 者 ◤啟思出版
作　　者 ◤余淑華
品質總監 ◤王寶玲
總 編 輯 ◤歐綾纖
文字編輯 ◤孫琬鈞
美術設計 ◤蔡億盈

郵撥帳號 ◤50017206 采舍國際有限公司（郵撥購買，請另付一成郵資）
台灣出版中心 ◤新北市中和區中山路2段366巷10號10樓
電　　話 ◤（02）2248-7896　　傳　　真 ◤（02）2248-7758
I S B N ◤978-986-271-595-6
出版日期 ◤2015年4月

全球華文市場總代理 ◤采舍國際
地　　址 ◤新北市中和區中山路2段366巷10號3樓
電　　話 ◤（02）8245-8786　　傳　　真 ◤（02）8245-8718

全系列書系特約展示
新絲路網路書店
地　　址 ◤新北市中和區中山路2段366巷10號10樓
電　　話 ◤（02）8245-9896
網　　址 ◤www.silkbook.com

線上 pbook&ebook 總代理 ◤全球華文聯合出版平台
地　　址 ◤新北市中和區中山路2段366巷10號10樓
主題討論區 ◤www.silkbook.com/bookclub　● 新絲路讀書會
紙本書平台 ◤www.book4u.com.tw　● 華文網網路書店
電子書下載 ◤www.book4u.com.tw　● 電子書中心（Acrobat Reader）

本書係透過華文聯合出版平台自資出版印行。